# 图书与档案信息管理研究

宁 浩 郝小红 孙秀艳 主编

中国建设科技出版社

北京

图书在版编目（CIP）数据

图书与档案信息管理研究 / 宁浩，郝小红，孙秀艳主编． -- 北京：中国建设科技出版社，2024.11.
ISBN 978-7-5160-4293-9

Ⅰ．G25

中国国家版本馆 CIP 数据核字第 2024QL5189 号

## 图书与档案信息管理研究
TUSHU YU DANG'AN XINXI GUANLI YANJIU

宁浩　郝小红　孙秀艳　主编

| 出版发行：中国建设科技出版社
| 地　　址：北京市西城区白纸坊东街 2 号院 6 号楼
| 邮　　编：100054
| 印　　刷：北京雁林吉兆印刷有限公司
| 经　　销：全国各地新华书店
| 开　　本：787mm×1092mm　1/16
| 印　　张：8.75
| 字　　数：180 千字
| 版　　次：2024 年 11 月第 1 版
| 印　　次：2024 年 11 月第 1 次
| 定　　价：69.80 元

本社网址：http://www.jccbs.com，微信公众号：zgjskjcbs
请选用正版图书，采购、销售盗版图书属违法行为
**版权专有，盗版必究，举报有奖**。本社法律顾问：北京天驰君泰律师事务所，张杰律师
举报信箱：zhangjie@tiantailaw.com　举报电话：(010)63567684
本书如有印装质量问题，由我社事业发展中心负责调换，联系电话：(010)63567692

# 前　言

随着社会经济的发展与科学技术的进步，人们对信息的需求呈现多元化的趋势，因此对图书馆学进行研究具有重要意义。图书馆学是研究各类型图书馆系统中文献信息资源、馆员、读者、建筑设施等要素及其相互运动规律的学科，是偏重于社会科学的综合性学科，从属于信息科学。

改革开放后，尤其是进入 21 世纪，我国经济与科学技术迅猛发展，广大读者的文化信息需求也在日益增长，这些变化为图书情报和档案管理及服务工作带来了新的挑战。同时，由于需求的多样性，图书馆学和档案管理在整个经济社会中的地位也越来越重要。因此，我们需要用全新的视角审视图书和档案管理，并不断完善，使其能够跟上时代的步伐，满足当下甚至是未来人们的需求。

在网络信息技术高度发展的今天，以满足人们多样化需求的图书馆学和档案管理有理由也有条件在大社会需求的推动下得到前所未有的发展。

本书从图书馆学、档案学、科技信息管理学的基础知识入手，阐述了图书馆学相关知识，包括图书馆学基础和图书馆藏书建设，同时介绍了档案信息管理，最后对图书馆档案信息管理进行了分析。本书体系完整、层次清晰，借助通俗易懂的语言、系统明了的结构，全面介绍了图书情报与档案信息管理的相关知识。

本书在编写过程中参考或引用了大量相关文献，其中若有遗漏或引用谬误之处，敬请作者谅解。限于编者水平，书中疏漏及不当之处在所难免，敬请广大读者批评指正。

编　者

2024 年 8 月

# 目 录

## 第一章 概述 ............................................................................................. 1
第一节 图书馆学概要 ............................................................................. 1
第二节 档案学概要 ................................................................................. 5
第三节 科技信息管理学概述 ............................................................... 15

## 第二章 图书馆学基础 ......................................................................... 17
第一节 图书馆学的体系结构 ............................................................... 17
第二节 图书馆学的相关学科与研究方法 ........................................... 25
第三节 图书馆学发展趋势 ................................................................... 30

## 第三章 图书馆藏书建设 ..................................................................... 34
第一节 图书馆藏书建设的基本概念 ................................................... 34
第二节 图书馆藏书建设的对象 ........................................................... 39
第三节 图书馆藏书建设的研究内容 ................................................... 53
第四节 图书馆藏书建设的基本原则 ................................................... 61
第五节 目前图书馆藏书建设弊端及发展 ........................................... 66

## 第四章 信息资源的管理 ..................................................................... 72
第一节 信息资源与大数据 ................................................................... 72
第二节 信息资源管理政策 ................................................................... 76
第三节 理论信息学与知识管理 ........................................................... 86
第四节 信息资源的管理与应用 ........................................................... 93

## 第五章 档案信息管理 ......................................................................... 98
第一节 档案信息管理的优势及安全问题 ........................................... 98
第二节 档案信息管理系统的设计 ..................................................... 100
第三节 大数据时代档案信息管理 ..................................................... 104

第四节　数据挖掘技术与档案信息管理 ........................................... 108

# 第六章　图书馆档案信息管理 ........................................... 111
　　第一节　图书馆档案管理信息化建设 ............................................. 111
　　第二节　图书馆档案管理信息技术模式 ......................................... 114
　　第三节　基于互联网的图书馆档案信息化管理 ............................. 116
　　第四节　数字化时代公共图书馆档案信息化管理 ......................... 119
　　第五节　高校图书馆档案信息管理平台建设 ................................. 125
　　第六节　医院图书馆中电子档案工作的管理 ................................. 129

# 参考文献 ........................................... 131

# 第一章 概 述

## 第一节 图书馆学概要

### 一、图书馆学的研究对象

自然界和人类社会具有复杂性,造成了科学研究对象具有丰富性:既有物质性的对象,也有精神性的对象;既有天然的对象,也有人造的对象。而对不同研究对象进行研究,就形成了一门门的不同学科。

任何一门科学都有其特定的研究对象,图书馆学也不例外。图书馆学作为一门科学,必然要对其研究对象的概念、性质、规律等做出客观的反映。那么,图书馆学的研究对象究竟是什么呢?

对这个问题的回答,无论是在图书馆学业内还是业外,许多人都会认为,图书馆学的研究对象是图书馆工作,这可能已经成了人们的一种普遍认识。事实上,从图书馆学诞生之日起,图书馆学的研究对象就一直是图书馆学研究者们长期争论的一个问题,而且这种争论从来就没有停止过。据一些研究者统计,目前国内外有关图书馆学研究对象的各种观点已达上百种之多,而且新的提法还在不断地出现。这表明,图书馆学的研究对象并非不证自明和一成不变的。形成这种状况的原因主要有两个:一是图书馆学研究具有复杂性和多样性,研究者们往往站在不同的角度、采用不同的方法对这一现象加以认识,使得观察对象的范围出现了差异,从而直接导致了认识结果的差异。二是事物运动的变化性,随着人类文明的不断发展,图书馆也表现为不同的形态,特别是随着现代信息技术在图书馆中的应用,数字图书馆、虚拟图书馆相继出现,使得今天的图书馆呈现出与以前完全不同的形态。未来的图书馆还会进一步发展,人们对它的认识也必然会随着图书馆形态的变化而不断发展和变化。在图书馆学发展历史上,正是由于图书馆学对象的不断变化和人们对图书馆学对象认识的不断深入,图书馆学理论才不断发生新旧更替并逐渐完善。

因此,在图书馆学的理论研究过程中,研究对象的问题非常复杂。作为图书馆学理论研究过程中的主要问题,对研究对象的复杂性进行有效的研究,是构建图书馆学理论体系的基础,也是推动图书馆学学科发展的基础。

在图书馆的理论研究过程中，针对研究对象的研究，人们存在不同的意见，主要表现在图书馆学的研究对象，应该从微观还是宏观的角度进行分类。图书馆学科研究对象从微观角度进行分析，是对图书馆的不同组成内容进行分析，如图书馆管理过程中使用的各种知识、信息等。从宏观角度进行分析，是对图书馆的管理整体进行分析，如管理系统、事业发展在社会发展中的作用等。

我们在长期的理论和实践研究后认为，图书馆学科的研究对象，应该是将宏观角度和微观角度进行综合，从整体上对这些因素进行全面分析，并将这些因素统归为图书馆学的研究对象。因为任何宏观客体都是由许多微观客体共同组成的体系，宏观客体是整体，微观客体是组分。只有对微观的具体内容进行了详细研究，才能为整体的发展提供基础；反过来，宏观客体的性质和功能并不等于它的微观组分性质和功能的简单叠加，尽管作为整体的宏观体系是由许多部分的微观客体所组成的，但它却具有各个部分本身不具有的整体性。因此，在图书馆学的学科研究过程中，要宏观和微观相结合进行全面的分析。也就是说，图书馆学的学科在进行研究过程中，研究对象是与图书馆事业发展相关的所有因素。

图书馆学学科在发展的过程中，研究对象的内容、范围是会发生变化的，在不同的社会进程中，不同技术的应用，研究对象中的组成因素，也是不同的。但无论怎样变化，它们仍可归属于图书馆事业及其相关因素，它既包含宏观对象，也包含微观对象。图书馆学科的研究对象的确立，有以下几点因素：

第一，图书馆学科进行研究的过程中，研究对象要和学科内容保持一致。图书馆学研究的对象一定要是图书馆事业，否则图书馆学科的理论研究是不成立的。在之前的研究过程中，对图书馆学的理论研究是从"交流说""知识说"等角度开展的研究活动，只能作为图书馆学理论研究的基础，作为研究对象全部内容的话，则较为片面。同样地，如果将研究对象确立为信息、知识等内容，也存在不完整的问题。因此，只有将知识、信息、交流等这些基础的问题进行详细的微观认识、深入研究，才能更好地促进图书馆事业的整体发展，使其在社会中的地位不断提高，与时代的关系更加紧密。

第二，图书馆的事业发展，是随着时代的变化和科技的进步不断发展的一个有机整体。因此，对图书馆事业的研究，要用开放的思想和眼光看待。图书馆是人类社会发展过程中产生的一种社会产物，展示着人类文明的成果。因此，在图书馆事业发展过程中，要把各种相关的因素都作为研究的对象，对其进行深入的分析。图书馆学科在发展的过程中也要对图书馆事业的过去、现在、未来进行全面的分析，不仅要研究图书馆自身的结构和发展规律，更要研究它在社会信息交流系统和社会文化系统中的地位与作用，同时还要对图书馆事业发展的整体和每个组成因素进行研究。只有这样，才能更全面地对图书馆的社会功能、作用机制解说，才能更好地扩大图书馆学的研究范围，使该学科更加完善地长远发展。

第三，图书馆学科研究对象的确定，一定要是针对图书馆展开的，在一定程度上也表现出局限性。这和大多数其他学科不同，如数学的研究对象是现实世界中的空间形式和数量关系，化学的研究对象是物质的组成、结构、性质及其变化等，其研究对象都是抽象的。图书馆学科的研究对象是和图书馆事业相关的各种因素，尤其是与图书馆事业发展过程中与人类信息交流相关的各种因素，只有这样才能克服其研究对象自身的局限性。尽管图书馆学是研究图书馆这一专门机构的，但并不能据此否定其在整个科学体系中的地位，图书馆学在长期的发展中，已经形成了具有独特学术规范、专门概念体系和科学研究方法的一定的研究领域，这一点和其他各门学科是相同的。

## 二、图书馆学的学科性质

在人们长期的认知过程中，随着知识的不断积累和丰富、认知能力的不断提高，许多专门研究自然界和人类社会某一方面问题的科学相继产生，形成了一个个独立的学科。据统计，这些学科的数量目前已达 4000 多个。于是，如何了解各门学科在科学整体中的地位和作用以及它们之间的相互关系，又成了人们关心的问题。而要确定一门学科的学科性质，最根本的就是要进行科学的分类，只有对科学体系进行分类，才便于我们从整体上去把握各门学科的特征，了解各门学科之间的内在联系，从而为学科的布局和发展提供理论依据。

从科学发展史上看，自科学萌芽以来，人们就一直在探索科学的分类问题，产生过许多科学分类的思想。从总体上看，人们对科学分类的探索大体上可分成三个阶段：

第一阶段是古典的科学分类理论。古希腊哲学家亚里士多德（Aristotle）最早将人类知识划分成历史、文学、哲学三大部分，他认为人类的知识有客观的、情感的、理智的三大部分，客观的知识是历史，情感的知识是文学，理智的知识是哲学。我国古代也有这种知识分类思想，如先秦时期诸子百家大体上分为儒家、道家、墨家、名家、法家、纵横家、阴阳家、农家、小说家等。

第二阶段是从欧洲文艺复兴开始一直到工业革命的兴起。由于科学技术获得了迅速的发展，使学科的分化在科学发展史上达到了一个新的高峰，为适应这种形势，许多学者纷纷提出了新的科学分类方案。而以法国的圣西门、孔德为代表的一批哲学家，则以各门学科的研究对象为依据进行科学的分类。他们认为，这些学科的排列顺序应当从"简单的科学"到"复杂的科学"，即简单的科学（数学、天文学、物理学、化学、生理学）和复杂的科学（社会学）。从科学分类理论方面来看，这个阶段相对完整、深刻的论述应该是恩格斯提出的。恩格斯继承了历史上的科学分类思想，在结合了黑格尔的思想之后，从辩证唯物主义、历史唯物主义的角度，将物质运动的形态进行了分类，表现为机械、物理、化学、生物、社会等不同的角度，并按照对应的顺序，形成了学科的不同门类，即力学、物理学、化学、生物学、社会学等。

第三个阶段是20世纪以后。在社会不断发展、人类不断进步的情况下，现代科学的面貌发生了翻天覆地的变化，一大批重要的科学理论相继被提出，一大批新学科也相继产生。与此同时，在科学的指导下，技术革命也得到较大发展，并直接推动了社会发展，呈现出自然科学、技术科学、社会科学、思维科学相互交叉、互相促进的新局面。这一时期，科学的发展打破了过去以分化为主导的局面，同时向分化与综合两个方向发展。学科在不断向细致化的角度进行分类的同时，也表现出更加整体性的效果。不同学科之间的联系变得更加紧密，促使现代科学更好地发展。在这一阶段，学科之间的界限也变得不再具体，这使得科学分类的任务更加艰巨，分类的结果也带有更大的模糊性。而关于科学分类的思想和学说也呈现出前所未有的繁荣景象，人们采用不同的标准，提出了许多不同的分类体系。但就目前国际上所见到的各种分类体系而言，多数还是五大门类，即自然科学、农业科学、医药科学、工程技术科学、人文与社会科学，如联合国教科文组织科学技术统计指南采用的分类。

改革开放以来，我国对科学分类的研究也空前活跃，提出了许多新的思想，其中最有代表性的是钱学森的分类思想。钱学森认为，对科学分类的研究要从整体的角度进行，他提出，现代科学是一个不能分割的整体，各个学科在进行研究的过程中，都是对客观世界的研究，因此在进行学科分类的时候，不能将此作为标准，而是要从在研究客观世界过程中的侧重点、关注角度进行分类。在此观点的支持下，他将现代科学分为十个类别，自然科学的研究角度是物质的运动，社会科学的研究角度是人类的发展，数学科学的研究角度是质与量的关系，系统科学的研究角度是系统或整体与局部的统一，思维科学的研究角度是人认识客观世界的过程，人体科学的研究角度是人体在整个宇宙环境中的发展和运动，军事科学的研究角度是集团之间的矛盾与斗争，行为科学的研究角度是与社会的相互作用下个体行为的规律，文艺理论的研究角度是美感等。

此外，也有一些研究者从科学体系的结构出发，将学科分为分支学科、边缘学科、综合学科、横向学科四大类。还有人从认识论角度，将学科分为边界学科、中介学科、交叉学科、综合学科、横断学科等。目前，我国对科学分类的标准采用了国际上大多数国家使用的方法，将科学进行了五大门类的划分，即自然、农业、医药、工程与技术、人文与社会等。

从上面的介绍可以看出，科学分类的问题是一个十分复杂的问题，分类体系本身要随着时代的发展而动态变化，即使是在同一时代，由于认识的角度不同，采用的标准不同，分类体系也不相同。当然，科学分类除了要反映科学发展的内在规律外，在当代还被广泛用作科学统计、科学规划、科学教育的划分工具，这就使科学分类必然带有一定的主观色彩。因此，某门学科，特别是处在不断发展中的学科，究竟应该归属于哪一门类，是动态变化的，它将随着人们认知的发展而不断深化。

图书馆学就是这样一门正处于不断发展变化中的学科，它的学科性质和归类问题人们至今还没有取得一致的意见,这种现象是正常的。但我们必须认识到,厘清图书馆学的学科性质对于确定图书馆学的研究规范、研究内容和研究方法等具有重要意义,因此,我们应当通过讨论,尽可能减少在这个问题上的不确定性。

## 第二节 档案学概要

### 一、档案收集

档案收集是指通过一定的制度和手段,将分散在档案形成部门和个人手中的、有保存价值的档案集中到档案机构统一保管,以备今后查考和利用。档案收集是档案管理工作的起始环节,是档案馆、档案室档案业务工作的起点,是储存档案信息资源的重要途径,是实现档案集中统一管理的基本手段,是档案管理中其他业务环节的基础,是决定档案存在和发展的前提条件。

1.档案收集工作的意义

档案收集工作是整个档案工作中极为重要的一个环节,与档案工作中其他各项工作比较起来,它处于一种特殊的地位,做好档案收集工作具有重要意义。

(1)收集工作是档案工作的起点,是档案工作的基础,档案的收集就是整个档案馆(室)取得和积累档案的一种手段。

(2)从组织整个国家档案工作来说,档案的收集工作是贯彻集中统一管理原则的一项重要内容和首要措施。

(3)从收集工作质量高低的影响来说,它直接关系到档案工作的其他环节。

2.档案收集工作的要求

(1)丰富馆藏。

(2)加强馆外调查和指导。

(3)推行入馆档案的标准化。

(4)保持全宗和全宗群的不可分散性。

### 二、档案整理

1.档案整理工作的内容

(1)在正规的工作条件下,档案室所接收的是文书部门和业务部门按照归档要求立好的案卷，档案馆接收的是由机关档案室根据入馆要求整理移交的案卷。

（2）对整理不善的档案进行局部调整。

（3）对零散文件的整理。

2. 档案整理工作的原则

（1）档案的整理必须保持文件之间的历史联系；历史联系主要表现在文件的来源、时间、内容和形式等方面。

（2）档案的整理应该充分利用原有基础，原有基础指：第一，充分重视和利用先前整理的基础，以确定档案整理的任务和要求，不要轻易打乱重整；第二，在档案整理过程中，应该充分研究和利用原来整理的成果，不要轻易破坏以往整理和保存的历史状况。

（3）档案的整理必须便于保管和利用。

3. 全宗

（1）概念：全宗就是一个独立的机关或著名人物在社会活动中形成的档案的整体。

（2）意义：区分全宗是档案整理工作的首要环节。全宗不仅是整理方法问题也是一条原则、一种理论，称为全宗原则和全宗理论。全宗理论是在档案集中管理过程中产生的，是随档案工作的发展而不断完善的。全宗理论的确立，对档案室、档案馆档案的管理有重要的组织作用。全宗理论发展的历史，是与档案整理的不同原则联系在一起的。

4. 全宗构成的条件和立档单位

（1）构成条件：第一，可以独立行使职权，并主要以自己的名义单独对外行文；第二，是一个会计单位或经济核算单位，自己可以编造预算或财务计划；第三，设有管理人事的机构或人员，并有一定的人事任免权。三个条件是统一的，是从不同侧面反映一个单位的独立性，最基本的是第一个条件。在分析或研究一个组织单位能否构成一个立档单位时，应当明确机关的大小和档案数量的多少并不影响它成为立档单位。有的组织单位也可能不完全具备上述三个条件，但它实际上却是个独立的机关，或由于某种特殊需要，它所形成的档案也可以构成一个全宗。

（2）立档单位。形成全宗的机关，称为立档单位，又称全宗的构成者。一个机关就是一个立档单位，一个立档单位形成的全部档案就构成一个全宗。

5. 立档单位的变化和全宗的划分

机关单位的增设、撤销、合并以及机关名称的改变、职权范围和属关系的调整等各种变化。这些情况，有的会影响全宗的划分，有的则不涉及全宗的变化。研究某一立档单位是否有根本性的变化，主要应该从立档单位的政治性质、生产关系性质和基本职能等方面去考察。

6. 人物全宗

人物全宗就是社会知名人士（如社会活动家、科学家、作家、艺术家、教育家等）在其一生活动中形成的档案整体。人物全宗包括个人的著作、手稿、日记、信件、遗书以及记载个人（包括家族、家庭）社会活动的全部材料，还包括别人所写的和收集的与人物全宗构成者个人、家庭、家族有关的材料，以及直系亲属能够说明立档单位情况的材料。

7. 全宗的补充形式

（1）联合全宗。是若干独立机关形成的档案，由于混在一起难以区分立档单位而联合组成的一个全宗。

（2）全宗汇集。就是由档案数量极少的若干全宗，按照一定的特点组成的一个全宗集合单位。

（3）档案汇集。就是由不明所属全宗的零散残缺文件，按照一定的特点集中起来的混合体。

8. 全宗群

整理和管理档案，不仅要注意全宗的完整性，还应该注意全宗之间的相互联系。

9. 全宗的编号与排列

（1）通常涉及档案管理中的三个环节：①全宗的编号一般是在档案馆接收全宗时于全宗名册上登记编定的，它属于统计工作的一个具体的技术项目；②全宗在库房内如何排列存放，属于保管工作的范畴；③全宗号的编定，它作为档案号的组成部分填写于案卷封面，全宗的系统排列等也属于档案的基本编目和系统化的课题。

（2）全宗号的编定和使用方法：①按国家档案全宗的三部分各依全宗进馆的时间顺序分编流水号；②按本馆全宗的时间地区性质等分编流水号；③所有全宗一律按进馆顺序统一编定流水号；④按全宗的重要程度编号；⑤按全宗群连续编号；⑥按全宗群留空统编全宗号；⑦分组单编全宗号；⑧多级分类单编全宗号；⑨编大全宗号；⑩对一部分全宗实行等级分类编号，另外一部分全宗实行序时流水号。

尽管具体的编号方法各不相同，但就其主要特点来说，可概括为两种类型：序时流水编号法和体系分类编号法，前者也可简称流水法，后者可简称分类法。流水法，无论是一律大流水，还是先分类别，而后对每个具体全宗的排序和给号，都是依时顺列。分类法，无论是统编号还是分编号，无论是一次划分还是多层分类，而后对每个具体全宗的排序和给号，主要不以序时方法，而用逻辑方法。对全宗编号，主要应采用流水编号的方法。

10. 分类的一般方法

（1）按文件的产生时间分类，具体包括年度分类法、时期分类法两种。

（2）按文件来源分类，包括组织机构分类法、作者分类法、通讯者分类法三种。

（3）按文件的内容分类，包括问题分类法、实物分类法、地理分类法三种。

（4）按文件的形式分类，包括按文件的种类分类、按文件的制成材料分类、按文件的形状分类三种。

11. 常用的分类方法

（1）年度分类法，也称年代分类法，是根据形成和处理文件的所属年度将全宗内档案分成各个类别。

（2）组织机构分类法，是根据文书处理阶段形成和处理文件的承办单位进行分类，即按照立档单位的内部组织机构将全宗内档案分成各个类别。

（3）问题分类法，是按照档案内容所说明的宗旨将全宗内档案分为各个类别。

12. 分类法的选择和分类方案的编制

（1）组合分类法：年度—组织机构分类法；组织机构—年度分类法；年度—问题分类法；问题—年度分类法。

（2）分类方案：为了便于对全宗内档案具体地进行分类，在选定某种分类方法之后，就应编制一份"分类方案"。分类方案，就是标列各个类目名称，表示全宗内档案分类体系的纲要，所以又称"分类大纲"。分类方案的类目力求明确和具有系统性。

13. 机关内党、政、工、团档案分类

（1）在全宗内，先将机关内最高机构和各单位的档案分别分成党、政、工、团若干部分，再在每一部分中继续分类整理。

（2）全宗之内的档案首先按年度分类，每年度分成党、政、工、团若干部分，再继续分类整理。

（3）在全宗内，只分党、政两大部分，或在每一年分两部分。

14. 人物全宗内档案的分类

（1）生平传记材料。

（2）公务活动材料。

（3）个人书信。

（4）经济材料。

（5）亲属材料。

（6）评价材料。

（7）音像材料。

（8）其他材料。

15. 立卷

（1）定义：一个全宗的文件经过分类之后，各个类别内都有相当数量的文件，还要进一步系统化，将若干文件组成案卷，称为立卷（也称组卷）。

（2）工作内容：组成案卷单位，拟写案卷标题，卷内文件的排列与编号，填写卷内文件目录与备考表，案卷封面的编目与案卷的装订。

（3）意义：案卷是密切联系的若干文件的组合体，它是档案的保管单位，通常也是统计档案数量和进行检索的基本单位之一。案卷是组成全宗的基本单位，立卷是档案整理工作的重要基础。

16. 案卷组合方法

主要是根据文件构成的特点，将具有某方面的共同点和联系密切的文件综合在一起组成一个案卷；一些具有不同特点，联系不密切的文件，可以分别组成案卷。立卷的六个特征如下：

（1）按问题立卷。

（2）按作者立卷。

（3）按文件（名称）立卷。

（4）按时间立卷。

（5）按地区立卷。

（6）按收发机关立卷。

六个特征综合运用。

17. 卷内文件整理

内容：卷内排列和编号，填写卷内文件目录和备考表。

18. 案卷封面编目和案卷装封

（1）主要项目包括：立档单位名称、组织机构名称、案卷标题、卷内文件的起止日期、总页数、保管期限以及全宗号、案卷目录号、案卷号等。

（2）拟写案卷标题以及整个案卷封面编目的基本要求：①历史观点和政治上的正确性；②文字简练，表达准确；③标题基本结构力求完整。

19. 类内案卷排列和案卷目录

（1）案卷排列：全宗内档案，经分类、立卷以后（或档案馆、档案室接收的案卷），还必须进行系统的排列。全宗内各类的序列，已在分类方案中排定，所以通常所说的案卷排列，就是根据一定的方法，确定每类内案卷的前后次序和安放的位置，保持案卷与案卷之间的联系。

（2）案卷排列的方法：①可以按照案卷所反映的工作上的联系来排列；②可以按照案卷内容所反映的一定问题来排列；③可以按照案卷所属的起止日期（时间）来排列；④也可以按照文件的作者、收发文机关以及文件内容所涉及的地区来排列；⑤人事档案或监察、信访等按人头立成的案卷，还可以按姓氏笔画、汉语拼音、字母顺序或四角号码等方法排列。

（3）案卷目录：一个全宗内的全部档案，经过分类、立卷进行了系统的排列后，应当将案卷逐个登记到案卷目录上。案卷目录也就是案卷的名册，是著录案卷内容成分并按一定次序编排的一览表。

（4）案卷目录的作用：①固定全宗内档案的分类体系和案卷排列顺序，最后完成档案整理工作；②介绍全宗内案卷的内容和成分，是查找利用档案最基本的检索工具，也是编制其他检索工具的基础；③它是档案登记的基本形式，也是统计和检查档案的重要依据。

（5）案卷目录的类型和选择：综合目录和分册目录。分册目录又可分为：①以全宗内档案分类的类别为单位编制的案卷目录；②按保管期限编制的案卷目录；③按保管期限结合分类方案编制的案卷目录；④按机密程度分别编制。

（6）案卷目录的结构：封面、扉页、目次、序言（或说明）、简称表、案卷目录表、备考表，至少一式两份，一般一式四份为好。以全宗为单位编定各本目录的顺序号，称作"案卷目录号"，简称"目录号"，是"档号"的重要组成部分。

20.档案整理工作的组织

（1）档案整理工作基本程序：区分全宗分类案卷的编立案卷排列以及编制案卷目录等主要步骤。

（2）档案的系统化与基本编目。

（3）现行机关档案整理工作的组织：归档制度与档案室档案整理工作的关系；档案形成过程中划分全宗和分类；档案形成过程中案卷的编立和目录的编制工作。

（4）积存档案和零散文件整理工作的组织：整理工作方案对立档单位的历史沿革和档案状况的态度，零散文件的整理程序。

21.档号

（1）使用的混乱现象：一是档号残缺不全，馆内许多全宗没有全宗号，全宗内许多案卷目录没有目录号；二是编号重复，一个馆内有相同的全宗号，一个全宗号内有相同的目录号，一本案卷目录中有相同的全宗号，一卷之内有相同的文件页码。

（2）组成：全宗号案卷目录号、案卷号和卷内文件页（张）号。对不装订的案卷往往还编有文件的件号。

（3）档号的使用规则要求：档号要完整成套，一般上述几部分档号均应编排；各档案馆内的全宗号不能重复，一个全宗内的案卷目录号不能重复，一本案卷目录中的案卷号不能重复，一个案卷内的文件件号、页号也不能重复。

## 三、档案鉴定

1.档案鉴定工作的内容

一方面确定哪些档案应该保存，保存多长时间；另一方面确定哪些档案不予保存，应进行销毁。

2.档案鉴定工作的意义

（1）如果，无论档案有无价值和价值的大小都加以保存，而且不断地涌进新的档案，这样就会使原有的档案体系逐渐拥塞庞大起来，有价值的、珍贵的档案湮没于大量失去价值的档案之中，不易被人发现或难以找到，进而影响了查找的效率，并使档案的作用不能得到充分发挥。

（2）大量失去价值的档案充塞库房，与有价值的、珍贵的档案同样进行整理和保管，无疑浪费了人力和物力，拖缓了有价值档案的整理速度，妨碍有价值档案保管条件的改善。

（3）如发生突发事件，不易及时抢救出重要的、珍贵的档案。为了有区别、有重点地保存档案，必须鉴别各种档案的价值，去粗取精，使保存的档案具有较高的质量。

3. 决定档案保存价值的因素

一方面，档案自身的特点和状况是决定档案保存价值的基础；另一方面，社会利用需求是档案发挥作用的必要条件，是决定档案保存价值的社会因素。两方面的因素是相互作用、辩证统一的。档案客体，是档案社会价值的物质承担者，利用档案的需求，是档案价值实现的社会条件。两方面的因素，都是客观存在的。鉴定档案的保存价值，就是鉴别和分析决定档案保存价值的客观因素，估计和预测每份文件、每个案卷、每部分档案是否有作用，能起什么样的积极作用，以及这种作用的时限，从而确定它们是否需要继续保存，需要保存多长时间。

4. 鉴定档案的原则

鉴定档案，必须从国家和人民的整体利益出发，用全面的、历史的观点确定档案的保存价值。

5. 分析档案价值的一般方法

（1）分析文件的内容是鉴定档案价值最重要的一个方面。

（2）分析文件的来源、时间和形式等特点。

（3）分析全宗和全宗群内档案的完整程度。

鉴定档案必须根据每份文件或每组文件的具体情况，一方面，分析文件载体上所表现的各种特点，即以文件内容为中心，全面分析文件所属的立档单位，文件的作者、产生时间、名称、可靠程度、有效性和外形特点等诸因素；另一方面，同时分析档案的被保存程度，即以全宗、全宗群以至馆藏对象，全面分析它的成分及其完整性，在此基础上进一步分析文件自身的相关特点，科学地判定档案的价值。

6. 关于鉴定档案的方法论问题

（1）研究档案利用规律，预测未来利用需求。

（2）研究档案保存的效益。

（3）掌握档案的重要性与保存时间长短的关系。

（4）档案保存价值分析的弹性处理方法。

（5）档案保管期限结构的科学处理。

7. 档案保管期限表

（1）定义：就是用表册形式列举档案的来源内容和形式，并指明其保管期限的一种指导性文件，它是鉴定档案保存价值和确定档案管理期限的依据和标准。

（2）类型：①标准的档案保管期限表；②专门的档案保管期限表；③同系统机关档案保管期限表；④同类型机关档案保管期限表；⑤机关档案保管期限表。

以上各类型之间具有一定的相互关系，标准的档案保管期限表对其他几种保管期限表具有指导意义，机关档案保管期限表必须以标准的、上级机关颁发的各种通用档案保管期限表所规定的保管期限表为依据。各种类型的档案保管期限表不能缩短标准档案保管期限表所规定的保管期限，但可延长保管期限。这种相互制约关系，是新时代的档案集中统一管理原则的体现，它有利于妥善地制定有关的档案保管期限表和实际确定档案材料的保管期限。

（3）结构：通常由顺序号条款、保管期限附注以及总的说明等部分组成，其中条款和保管期限是最基本的项目。条款较多的保管期限表，还须把条款加以分类。

（4）保管期限：分永久、长期、短期三种。永久保存，就是无限期地尽可能长远地保存下去；长期保存一般是指档案须保存16年至50年；短期保存一般是指保存时间15年以下。后两者称为定期保存，定期保存时间的计算方法，一般是从文件产生后的第二年计算，有些特殊文件和专门文件可以从其失效、结案后算起。所有确定为定期保存的档案，到保管期满后还须复查一次，如发现有需要继续保存的，仍应保存下去，有的延长保管期限，有的转为永久保存。

（5）不同保管期限的档案构成：列为永久保存的档案，是对社会主义事业的各项工作以及后世具有查考作用的档案；列为长期保存的档案，是不具有广泛社会意义和科学历史意义的，而属本机关在较长时间内进行机关工作需要查考的文件材料；列为短期保存的档案，是低于上述两个层次的，属于本机关在较短时间内需要查考的文件材料。

（6）编制方法：准备工作、起草工作、征求意见和修正草案。

8.档案鉴定工作制度的基本内容

（1）鉴定档案的标准。

（2）鉴定工作的组织领导。

（3）销毁档案的批准制度和监销制度。

9.档案鉴定工作的组织方法

（1）鉴定档案价值的基本工作方法——直接鉴定法，即直接审查档案。首先要求鉴定人员根据鉴定档案价值的原则和标准，按照档案的实际情况直接鉴定其价值。根据档案保管期限表来鉴定档案价值时，只有在直接审查了档案的实际情况后，才能确切地知道它适合和参照保管期限表的某一条款来确定其保管期限；其次，直接鉴定法要求鉴定工作人员逐件逐页地审查文件，而不是仅仅根据案卷目录和案卷标题就判定其价值。直接鉴定法是保证鉴定工作质量的重要方法，直接鉴定档案一般是以案卷为单位进行的。

（2）现行机关档案价值的鉴定工作。

（3）档案馆档案价值的鉴定工作。

10.档案的销毁

（1）档案销毁清册。

（2）立档单位和全宗简要说明。

(3) 档案销毁方法。

## 四、档案保管

1. 档案保管工作概述

（1）含义：档案的保管，就是根据档案的成分和状况所采取的存放和安全防护措施。

（2）内容：档案的库房管理、档案流动过程中的保护、保护档案的专门措施。

（3）任务：为了解决安全留存的要求和档案可能损坏之间的尖锐矛盾。档案损坏和遭受破坏，不外乎社会原因或自然原因，或者是人为因素和自然因素两方面。档案保管工作的任务，就是了解档案损坏规律，通过经常性工作，采取专门的技术措施，最大限度地防止和减少档案的损毁，延长档案的寿命，维护档案的系统性和完整性，保证档案的政治安全。

（4）意义：档案保管工作质量的高低，对提高档案管理水平具有重大的影响。档案保管工作是整个档案工作的有机组成部分，它与其他环节有着密切的联系，不能离开其他环节而单独存在和孤立进行。档案保管工作不是单纯为保管而保管，其最终目的是保证党和国家各项工作对档案的利用。

2. 档案的包装

（1）卷皮：包装文件的基本方法，不仅是为了保护文件，同时它又是案卷的封面，有利于档案的检索利用和取放。要注意其坚韧性，并要防止生虫，适宜于装订或存放不同厚度的案卷，尺寸应根据文件的大小设计。账本、照片等可不另加卷皮。

（2）卷盒：一种比较好的方法，不仅能防光、防尘和减少机械磨损，还便于档案的科学管理，搬运起来也方便。要注意其坚固性，防止生虫；卷盒的开关和档案的取放必须方便，以减少磨损；表面宜光滑便于除尘，色调宜为不易污染的暗色；尺寸必须根据案卷的大小拟定，长和宽可以比案卷稍大一点，高在 25 cm 以内。对于能够竖立存放的案卷，也可以采用书套式的卷盒。

（3）包装纸：临时措施。

3. 库房的管理

（1）档案库房编号：一种是为所有的库房编一个总的顺序号，适合于库房较少的档案馆（室）；另一种是根据库房所在地的方位及库房建筑的特征进行分区编号。

（2）档案架（柜）的排放和编号：要求排列一致，横竖成行；有窗库房的架柜排列应与窗户垂直，不要有碍通风；架柜排列应注意最大限度地利用库房的空间，同时便于档案的搬运和取放。

（3）档案的存放与全宗排列：

①在我国一般的档案馆和档案室所保存的档案，都是按照全宗进行整理和保管的，考虑存放时，首先应按全宗来进行，一个全宗内的档案应集中在一起。但是也有特殊情况，如库

房或柜架预留的空位已被排满或新入馆的档案不能与先入馆的同一全宗的档案放在一起的时候，可以暂时单独保存，待有可能调整时，再将一个全宗的档案集中起来；又如有的全宗内可能还包括一部分影片、照片、录音带、录像带、技术图纸或会计报表等档案，这些不同类型的档案，可以分别保管。对于暂时或定位分别保管的全宗中的这部分档案，应填写参见卡，把它放在原全宗（全宗主体）存放位置内，指明其存放的地点，以保持其应有的联系。

②库房内各个全宗单位，应进行系统排列。全宗排列方法主要有按全宗顺序号流水排列法和全宗分类排列法两种。前者对库房空间和全宗实体的安排比较方便，后者对全宗的系统管理和全宗的信息控制较为有利。在我国，通常采用按全宗群排列的方法，即在保持全宗完整的情况下，安排所有全宗存放地点的时候尽量将同一时期、同一系统或相同性质的全宗放在一起，以保持全宗与全宗之间的联系。在安排一个全宗内案卷排列次序时，必须严格按照全宗内既定的分类体系和案卷的顺序号进行，以保持案卷之间的联系。

③当确定了全宗和案卷的排放次序后，就可以组织上架，上架的次序应根据档案架柜及栏、格的编号次序进行。

④存放方式一般有两种：竖放和平放。竖放是目前采用比较广泛的一种方式，其好处是检取和存放案卷比较方便。平放的方法，虽然取放不方便，但对保护档案是有利的，比较舒展，文件上的折皱日久后就会消失，适合于保管珍贵档案和不宜竖放的档案，堆叠高度以不超过40cm为宜。

⑤库房内档案的存放位置是以全宗和全宗群理论为指导进行系统排放的，而全宗及其内部成分的具体排列又有自己的特点，一是全宗内档案成分一般按整理编号的顺序排列上架；二是档案馆内全宗的排列一般不按全宗顺序号，而是按全宗的性质分类排列。

（4）档案存放位置索引：第一种指明档案的存放位置，即以全宗及其各类的档案为单位，指出它们的存放位置；第二种指明各档案库房保存档案情况，即以档案库房和档案架柜为单位，指出它们保存了什么档案。这两种索引，按形式又可分为簿籍式和卡片式两种。

（5）档案代理卡：由于提供利用或档案馆（室）内部工作需要（如重新整理修补、复制、编检索工具等），经常需要将库房中已上架安排放好的档案暂时移出库外，为便于库房管理人员掌握档案流动情况和安全检查，可以填制一种卡片放在档案原来存放的位置，即通常所谓的代理卡或代卷卡。

（6）全宗卷：在档案馆（室）工作中，专门为了保存和管理某一全宗而形成的，能够说明其全宗历史情况的文件材料，以全宗为单位组成专门案卷，称为全宗卷。全宗卷通常包括下列材料：移交和接收全宗的文据，立档单位和全宗历史考证，全宗整理工作方案，全宗内档案数量和状况的检查登记表册，档案销毁清册，全宗指南等。全宗卷是在档案馆或现行机关档案室本身的工作活动中形成的一种档案，它与档案馆（室）所保管的全宗有着密切的联系，是对全宗进行整理、鉴定、统计、提供利用以及进一步收集该全宗范围内档案的重要依据，是档案馆（室）管理全宗和保管工作人员掌握全宗情况不可缺少的一种工具。因此，

第一章 概述

全宗卷应单独集中，按全宗顺序保管。当全宗移交另一个档案馆（室）保管时，其相应的全宗卷也必须随同全宗移交。

（7）温湿度调节和清洁卫生。

（8）保卫和保密。

（9）防火。

（10）档案在搬动中的保护。

（11）档案的安全检查。

# 第三节 科技信息管理学概述

科技信息管理学是按照科技信息自身的特点和规律，运用现代管理科学原理、原则和方法，对科技信息事业和科技信息活动进行组织、领导、协调、规划和管理，以发挥科技信息的社会效能的一门新兴学科。科技信息管理学以信息科学和管理科学作为自己的理论基础，研究科技信息管理的原理、原则和方法，揭示科技信息管理活动的规律性。它既是信息学的一门主要分支学科，又是管理学的一个特殊门类。

## 一、科技信息管理学产生的原因

科技信息管理学的形成与发展，是人类科技信息管理实践活动的产物。科技信息管理学的产生有两个主要原因：

首先是社会信息管理活动的发展需要。社会需要永远是推动科学发展的原动力，随着现代社会的信息化程度越来越高，社会信息活动更加广泛，社会信息现象日趋复杂，信息社会中各种高水准的信息需求以及信息经济的迅猛发展，出现了所谓的"信息危机"。为了克服信息危机，信息管理从社会劳动中分化出来，成为一种独立的职业活动得以迅速发展。信息管理工作的进一步发展需要有正确的理论指导，为此，人们开始总结信息管理工作的基本原理与普遍规律，从理论上探索信息管理最优化的途径最终要求有一门学科对其做出完整、准确的分析和阐述，为社会信息管理实践提供科学的理论与方法。

其次是现代科学技术发展的大趋势。20世纪以来，现代科学技术高度综合的发展特征，使得学科间的交互作用、交叉渗透趋势愈演愈烈。由于研究对象的交叉，即对复合对象整体研究的需要，交叉科学大量涌现。科技信息管理学是研究科技信息管理的科学，科技信息管理现象的广泛性、复杂性，要求人们对其进行系统的、综合的研究。科技信息管理学就是信息科学与管理科学相互交叉作用的产物，它的产生反映了现代科学技术整体化发展的大趋势。

## 二、科技信息管理学产生的基础

科技信息管理学产生的基础主要包括以下四点：

1. 理论基础

信息科学和管理科学的发展，为科技信息管理学的孕育提供了充分的理论基础。科技信息管理学是一门综合性的交叉学科，它是在原有信息科学与管理科学的基础上，吸收了信息论、系统论、控制论的理论和方法，借鉴了现代管理学的基本原理，在科技信息管理实践中逐步形成和发展起来的。作为一门尚处于初创时期的学科，它的培育又与经济学、社会学、传播学、心理学、法学等学科息息相关。随着新的学科理论的不断引进，科技信息管理学的研究内容日益丰富，学科体系日渐完善。

2. 方法基础

传统的图书馆学，情报学从文献信息管理的角度来考察和分析文献交流过程组织和管理文献信息服务，从而为科技信息管理学积累了大量的经验和方法。文献信息的搜集选择、加工整理、分析研究、检索咨询、传播报道等一系列方法可以推广到各类信息管理活动中来，在社会信息管理的更高层次上加以总结，上升为科技信息管理学的普遍方法。

3. 技术基础

现代信息技术，特别是计算机和通信技术的发展，是推动科技信息管理学前进的必要条件。信息技术在科技信息管理过程中的应用，为人类社会的信息管理活动提供了有效的工具。这些新技术进入科技信息管理领域后，出现了一些新情况和新问题，为科技信息管理学的研究内容增添了新的研究课题。

4. 实践基础

社会信息管理活动为科技信息管理学准备和提供了丰富的实践经验，这是科技信息管理学形成和发展的基础条件。随着社会竞争环境的急剧变化，科技信息管理日益成为组织管理的主要内容并受到社会各界的普遍重视。科技信息管理活动的广泛开展，为科技信息管理学开辟了广阔的实验基地，使科技信息管理学在社会信息管理实践的基础上不断完善，逐渐成为一门理论与实践相结合的综合性、应用性学科。

# 第二章 图书馆学基础

## 第一节 图书馆学的体系结构

图书馆学的体系结构是图书馆学基础理论中的一个重要问题,由于当今学界对图书馆学的研究对象认知不同,因而由研究对象决定的图书馆学体系结构的认知也不完全统一。所以,这一课题也就成为国内外图书馆学界仍在不断探索的重要问题。

### 一、建立图书馆学新体系之必要性和可能性

#### (一)社会、时代的发展变化是建立图书馆学新体系的客观要求

20世纪末掀起的网络技术和知识经济的浪潮,使以知识为基础的产业逐步上升为社会主导产业,人类真正步入了知识社会。信息技术的迅猛发展及互联网的出现,又把人类带进网络化、数字化新时代。

#### (二)图书馆实践的新发展新变化是建立图书馆学新体系的根本原因

20世纪90年代以来,随着信息技术数字技术网络技术广泛应用于图书馆,使图书馆实践发生了重大变化,出现了数字化文献、网络化文献、数字图书馆、网络图书馆、虚拟图书馆、复合图书馆、知识共享空间等。图书馆具体业务中出现了知识导航、知识服务、虚拟参考咨询服务、网络化服务、数字图书馆服务、网络信息组织与检索数字资源整合等。

#### (三)人们对图书馆的认识的发展变化是建立图书馆学新体系的充分必要条件

1.图书馆知识传播新理念已经形成

(1)进一步认识到知识与传播的意义和价值。知识是人类认识和改造世界的经验总结及脑力劳动的结晶,按其载体的不同,可分为主观知识和客观知识两类。主观知识是依存于人脑中的知识,它具有不易传播性等特征,客观知识是依存于人脑以外载体(如文献等)的知识,它具有可传播性、可共享性等特征。所谓"传播",实质上是知识的传播,知识是人类社会发展的根本动力,知识传播与知识进化相互促进。只有传播知识,人类才能不断积累知识,在社会实践中不断创造新知识,从而促进知识不断进化,推动人类社会不断进步和发展。所以,人类的文明史,实质上是一部知识传播史,一部知识进化史。

(2) 探寻到图书馆传播知识的价值和原因。知识传播的途径和渠道很多，但人们从知识传播史和人类文明史中清醒地认识到，只有图书馆能够使知识实现跨时空的传播。人类社会文明史已经并将继续证明，图书馆所具有的传播知识的特殊职能对人类的贡献越来越大，而且从未像今天这样大。人们从图书馆发展史逐步认识到图书馆进行知识传播的必然性，并产生了如下新理念：

建立图书馆的初衷是为了利用它。图书馆发展史已经并将继续证明，图书馆对人类的有用性，正是通过图书馆的特殊知识传播功能而实现的。图书馆把人类创造的知识收藏并传播给人们，使人类和社会都取得发展和进步。

传播知识是图书馆的神圣使命。世界图书馆发展史已经证明，图书馆自创建之日起就担负着传播知识的使命。图书馆收藏知识的目的是传播知识，因为如果只收藏知识而不传播知识就不能称其为"图书馆"了。

图书馆是传播知识的特殊阵地。众所周知，传播知识的机构是很多的，但唯有图书馆具有跨时空收藏、传播知识的特殊职能，是一种传播人类知识且其他机构无可替代的特殊机构。

图书馆还是公民终身教育基地。图书馆收藏并传播知识的直接目的是使全社会公民受到终身教育，提高综合素质，取得发展和进步。

图书馆是一种公共物品，具有公益性。它是由政府通过全民税收支持其经费开支，向全民开放、免费为全民所利用的文化教育和知识传播机构。图书馆所具有的公益性，使图书馆在实施知识传播中能使社会全体公民自由、平等地获得所需知识信息，从而受到终身教育。

(3) 图书馆知识传播的思想理论基础。国内外有关知识学理论、传播学的论著为图书馆知识传播理论的建立提供了重要理论参考。

前人关于图书馆学对象的研究成果，为图书馆的知识传播理论的建设奠定了坚实基础。"要素说"为我们研究图书馆知识传播打好了基本结构框架；"矛盾说"指出了图书馆所传播的知识与知识受众者之间的矛盾及其解决方略；"知识说"认为图书馆工作和图书馆学的研究对象是知识，指明了图书馆传播的是知识及知识研究方向；"文献交流说"为图书馆知识传播提供了重要理论参考；"知识交流说"为图书馆知识传播奠定了理论基础；"信息资源说"为图书馆知识传播指明了所传播的物质基础；"知识可获得性说"为图书馆知识传播指出了必须解决的关键性问题，提高读者对知识的可获得性；"知识组织说"为图书馆知识传播指明了所传播知识的有序化前提；"知识管理说"为图书馆知识传播奠定了管理基础；"知识集合论"指明了图书馆传播的知识形式；"知识资源论"为图书馆知识传播建立了可参考的结构和内容。

哲学家卡尔·波普尔的两个"思想实验"深刻说明了图书馆传播知识的重要作用。实验（一），我们所有的机器和工具都毁坏了，我们所有的主观学问，包括关于机器和工具的主观知识以及如何使用它们的知识也毁坏了,但是图书馆以及我们从图书馆中学到的能力却保存下来了。显然,经过许多苦难,我们的世界还会重新前进。实验(二),仍如实验(一),但所有的图书馆也毁坏了,因此我们从书本中学习的能力也没有用了,我们的文明在几千年内不会重新出现。该实验说明,图书馆用来为人类积累和传播知识,对人类社会文明进步极为重要。

国内外图书馆学家传播知识的思想,为系统研究图书馆知识传播做好了理论准备。早在 20 世纪 30 年代,图书馆学家李小缘称图书馆是"传播消息及智识之总机关"。80 年代初周文骏认为图书、情报档案等文献交流机构的活动的共同基础是文献交流,倪波、朱建亮等著书也突出了文献传播的社会意义,周文骏和宓浩著书明确提出图书馆是文献交流和知识交流机构,黄宗忠的《文献信息传播学》,也认为图书馆是文献信息传播机构。

国外学者也认为图书馆具有传播知识的重要职能。早在 1627 年法国学者加布里埃尔·诺德撰文《关于创建图书馆的建议》,论述了图书馆的文献传播与组织活动。列宁于 1913 年在其《为国民教育能够做些什么》一文中强调了文献只有在公众中广泛传播才能实现图书馆目标的思想。美国图书馆学家谢拉指出"因为图书馆是社会中文化传播体系的一个重要机构,所以一个社会或文化怎样获取、吸收和传播知识,必须在图书馆学理论中找到依据",图书馆的基本目的却永远是在有关文字记载知识思想的传播链条中的环节。

2. 当代图书馆学已形成面向"知识"的发展新趋势

随着知识经济和知识社会的出现,知识的意义和价值得到了前所未有的重视。知识命题因其具有前所未有的重要性,正越来越受到学术界的重视,而且从来也未像今天这样备受重视,图书馆学界也不例外。世界图书馆学发展史已经并将继续证明,图书馆学的研究重心已转向并特别重视"知识"。仅以我国图书馆学界关于"图书馆学的研究对象"的研究为例,从 20 世纪初彭修义的"知识说",刘迅的"关于波普尔'世界 3'的思考",到后来的"知识交流说""知识组织说""客观知识说""知识可获得性说""公共知识管理说""知识管理说""知识集合论""知识存取论""知识资源论"等,已经形成了面向"知识"的图书馆学发展新趋势。

**(四)旧的图书馆学体系已不适应上述变化**

纵观我国图书馆学界以往关于"图书馆学体系结构"的研究成果,尽管仍有其重要价值,但是,因为这些成果("黄宗忠的'新体系'2003"除外)只反映了传统图书馆的内容,不能反映今日图书馆的发展与变化,只能属于传统图书馆学体系。图书馆专业人才的培养、图书馆学教育的发展、图书馆学教育课程体系的建设,是以图书馆学体系为依据的。而落后的、脱离了新时代图书馆实践的图书馆学体系是不适应培养新时代所需要人才的要求的。

**(五)建立"新体系"的方向**

黄宗忠于 2003 年发表的《图书馆学体系的沿革与重构》明确提出了重构图书馆学体系

的"必要性""依据与原则",并重新建构了"图书馆学体系结构",为我们建立图书馆学新体系指明了方向并提供了重要参考。

**（六）图书馆已具备传播知识的基础条件**

图书馆所具有的先进的人才资源,现代化、自动化、数字化、网络化的信息技术、手段和工具,广博的知识资源和优良的知识传播设施,使图书馆所实施的跨时空知识收集和传播更迅速、更广泛、更有效。这些都为实现图书馆高效知识传播建立了必要的条件。

综上所述,为使图书馆学体系适应新时代图书馆的实践、反映人们对图书馆的新认识和教育的需要,以推动图书馆事业的可持续发展和图书馆学的繁荣与进步,我们必须建立图书馆学新体系。

## 二、建立图书馆学新体系的依据与原则

**（一）建立图书馆学新体系的依据**

1. 图书馆学研究对象。研究对象的确定是一门学科取得独立地位的前提条件,图书馆学研究对象是图书馆学研究的逻辑起点和形成该学科基础理论的基石,它规定着该学科的性质、基本内容和理论体系。建立"新体系",必须首先确定"研究对象"。

2. 原有的图书馆学体系。原有的图书馆学体系反映了近200年图书馆学的发展变化,今天仍是图书馆学体系的主要组成部分,其主要内容仍是有效的。

3. 图书馆实践的发展、变化。图书馆的实践是随时代发展变化的,建立图书馆学新体系必须反映图书馆实践的新发展、新变化,反映新时代、新认识、新观点、新理论、新技术,以适应时代需要,用新理论指导实践。这是建立图书馆学新体系的重要依据。

**（二）建立图书馆学新体系的原则**

1. 继承性原则。任何一种图书馆学体系的产生都是历史进化的结果,建立图书馆学新体系离不开对过去成果的继承,更不能割断图书馆学体系的发展过程。图书馆学体系经过近200年的发展已积累了许多成果,形成比较成熟的体系,如门类划分方法以及层次的区别方法等都较成熟,并成为我们建立图书馆学新体系的起点与基础,今日仍然有效,应当沿用。

2. 发展性原则。图书馆实践在发展变化,其理论体系必须适应其发展变化,但建立何门类、何层次的分支学科,必须结合图书馆实践的发展和需要及图书馆学研究的水平与程度、未来的发展空间等情况,不能随意设置。

3. 理论与应用结合性原则。图书馆学发展史已经并将继续证明,理论与应用、抽象与具体、"学"与"术"相结合,是图书馆学体系发展的客观要求,是图书馆学体系逐步走向成熟、完善的重要标志,两者是密不可分的。我们建立图书馆学新体系,必须坚持这一基本原则。

4. 科学性原则。这个原则主要是指图书馆学体系划分要符合学科的内在逻辑性，遵循学科发展规律。图书馆学体系既具有一种隶属、层次的结构关系，又是一种相互关联的系统。我们划分图书馆学体系应遵循门类—分支学科—低层次学科知识单元、知识元素的方式递进。

5. 共存互补的整体性原则。如上述，20世纪90年代以来图书馆发生了显著的变化：馆藏文献不仅有纸质文献，还有数字化文献、网络文献等；图书馆形态不仅有传统图书馆，还有数字图书馆、复合图书馆、虚拟图书馆等。但它们与传统文献、传统图书馆没有本质的区别，都是一种知识载体和知识传播机构，其本质与基本功能是一致的，因而两者不是相互排斥，而是共存互补、相互依赖、相互促进的关系。建立图书馆学新体系，必须符合和反映当今图书馆发展的现实和实践。

## 三、图书馆学的研究对象是馆藏知识的传播

根据上述图书馆学新理念和图书馆学发展新趋势，总结为图书馆的本质是图书馆馆藏知识的传播。建立图书馆学新体系，必须首先明确图书馆学研究对象，即馆藏知识的传播。图书馆学，是研究图书馆馆藏知识的传播以促进人类进步的一门综合性社会科学。

把"研究对象"限定于"图书馆"这个特定范围之内，这就使"对象"具有了专指性。这里的"图书馆"，包括物理的实体图书馆和网络中的虚拟图书馆，还包括数字图书馆、复合图书馆。图书馆的形态及其实践可随时代的变化而变化，但其传播知识的本质不会变。这里的"馆藏"，自然应包括实体的物理馆藏和网络中的虚拟馆藏，图书馆的馆藏是在不断发展变化的。这里的"馆藏知识"是指馆藏的所有可利用的知识资源，包括各种类型的文献及知识库（数据库）、知识工具（图书馆用于知识传播的设备设施等）。这里的"传播"一词源自拉丁语"Communis"，意即共同分享，"指人类分享信息的活动""就是与人共享信息、观念、意见的过程"，是指"广泛散布"。这里需要强调，图书馆的知识传播基本上是单向的广泛散布，是一种传递知识信息的行为。"传播"者，关键在"传"，其核心在于对知识资源的开发利用。图书馆的知识传播是图书馆人将知识开发并广泛散布于社会公民的一种传递行为，而非交流行为。这里的"促进人类进步"，是研究此学科的目的。

## 四、图书馆学新体系

### （一）图书馆知识传播活动的内容结构

图书馆知识传播活动的基本结构包括：知识传播者、传播媒介、传播内容、传播工具、传播行为、传播对象、传播环境、传播目的和效果。

知识传播者：图书馆是由图书馆人（即图书馆工作者）进行知识传播的，这是图书馆进

行知识传播的主体,即所谓"传者"。

知识传播媒介:包括各类型文献、数据库、知识库、知识网络和其他各种工具等。

知识传播内容:包括人类所需的馆藏的各类型有用知识、信息等。

知识传播工具:包括各种知识地图(书目索引等)、知识检索系统等。

知识传播行为:图书馆广泛采集公民所需知识信息,将这些知识信息进行科学组织(达到高度有序化),通过各种方式、方法将有序化知识向社会公民广泛散布并了解散布效果(效益),以改进传播行为,优化传播程序,实现效益(社会效益和经济效益)。

知识传播对象:这是知识传播的客体(或称读者、用户),是指社会全体公民。图书馆一律平等、公平地为他们提供知识服务。

知识传播环境:包括硬环境和软环境。硬环境指馆舍、各种设备、设施等。软环境指有关图书馆的政策、法令、规章、制度等。

知识传播目的和效果:促进知识进化,提高公民素质,推动科技、经济发展,推动人类社会进步,提高社会效益和经济效益。

## (二)图书馆学新体系及其说明

黄宗忠先生的"图书馆学体系的沿革与重构"(2003),关于门类的划分符合一般科学的划分方法,是科学的、合理的,笔者沿袭这一做法,也将图书馆学划分为"理论图书馆学"(或称"图书馆学原理")和"应用图书馆学"两大门类。

"应用图书馆学"下设"技术图书馆学"和"专门图书馆学"此两分支学科是实现图书馆学基础理论联系实际的基地,理论与实践相结合才能推动图书馆事业发展,从而促进图书馆学不断繁荣和进步。

"理论图书馆学"是图书馆学一般原理与基本规律的研究,是整个图书馆学研究的起点和根本。它从总体上规定了图书馆学的发展方向,是图书馆学的"思想发动机"。理论图书馆学由四个分支学科构成:现实图书馆学,包括图书馆学基础,主要包括"图书馆哲学""波普尔""世界3""知识传播论"和比较图书馆学(国内的、区域的、国际的);历史图书馆学,涵盖"文献知识史""文献传播史""知识传播史""图书馆史""图书馆学史";发展图书馆学,包括"图书馆学教育""图书馆事业建设""未来图书馆学";应用图书馆学,包括技术图书馆学和专门图书馆学,是在理论图书馆学的指导下,研究解决图书馆知识传播的技术、方法、组织管理等问题,以促进各类型图书馆的发展。

"技术图书馆学"是在理论图书馆学所提供的基本理论的指导下,研究图书馆知识传播的基本技术、方法问题,它具有承上启下、联系理论图书馆学与专门图书馆学的作用。它运用理论图书馆的知识,考察专门图书馆的技术方法的共同规律,是专门图书馆技术方法的理论基础。技术图书馆学的分支学科有客观知识研究、文献知识学(文献类型研究、纸质文献知识、网络文献知识)、文献采访学(传统采访、电子文献采访、网络采访)、知识组织学(文献存储与管理、文献知识组织学、数据库建设、知识网络建设文献保护学)、书目理论与检索利用、知识传播方法(读者认知心理学、读者阅读学、读者咨询学、读者服务学)、图书馆管理学(图书馆管理原理与方法、图书馆经济学、图书馆统计学、图书馆人才学、图书馆法)等。

"专门图书馆学"是图书馆通过知识传播实现其社会作用和转化成社会效益的部分。主要研究图书馆学与技术图书馆学如何转化成为图书馆学的理论与技术方法,它为各种类型图书馆的知识传播实践提供理论、方法、操作程序等。专门图书馆学的分支学科,有传统图书馆学、数字图书馆学(数字图书馆理论、数字图书馆系统建设、数字图书馆服务、数字图书馆知识传播)、复合图书馆学(复合图书馆理论与技术国家图书馆公共图书馆、高等学校图书馆、科学图书馆、专业图书馆、军事图书馆、其他图书馆)等五类文明信息决定了图书馆学的体系结构。

文明信息的社会存在,鲜明地确立了图书馆学的人文信息学科领域范围。人类社会生活对社会群体中他人的依赖性,决定了人只能以文明信息方式与社会沟通,从而确立人自身的社会存在,于是人必然崇尚文明。所以社会才有了文献和图书馆的产生,并使其为社会专门运作文明信息。

图书馆学同其他学科一样,也有着自身的内在结构体系。客观上图书馆的存在,一是有着自身学科理论的存在;二是有着自身技术方式的存在;三是有着自身营运规程的存在;四是有着自身管理形态的存在;五是有着自身应用方法的存在。那么,对于图书馆学内在学科建设而言,图书馆学内在学科应当对应分为:一是图书馆理论学;二是图书馆技术学;三是图书馆经营学;四是图书馆管理学;五是图书馆应用学。这五大图书馆学科都有其各自独立的研究对象,并且都各有其自身的子学科分类及研究,下面我们将它们简要列出。

1. 图书馆理论学

图书馆理论学是专门研究图书馆社会存在原因及其机理的学问。其主要研究:图书馆的本质,图书馆的社会功效,图书馆的社会目的,图书馆的形态变迁等问题;基本可由:图书馆原理及文明信息的产生与发展史,文献学,图书分类学和目录学四部子学科组成。

2. 图书馆技术学

图书馆技术学是专门研究图书馆物资存在及信息运营过程中的各种技术方式的学问。其主要研究:图书馆各类物资及信息是怎样存在和运行的,馆藏文明信息是怎样输入、编排、调节、输出的馆藏文明信息又是怎样与用户接触和使用维护的,馆员对情报又是怎样研究的等问题;基本可由:文献形式及馆藏学,信息维护、流转、编排、调节、扩充技术,情报研究及咨询技术,图书馆建筑与设备技术四部子学科组成。

### 3. 图书馆经营学

图书馆经营学是专门研究馆藏文明信息的价值与资本经济属性，为提高馆藏文明信息价值、扩大馆藏文明信息资本、获得馆藏文明信息利润的学问。其主要研究：馆藏文明信息的成本，馆藏文明信息的社会需求量，馆员情报研究创新能力，馆藏文明信息利润等问题；基本可由：社会文明信息需求学，馆藏文明信息成本学，文明信息传播学和馆藏文明信息利润学四部子学科组成。

### 4. 图书馆管理学

图书馆管理学是专门研究图书馆员之间对于馆藏文明信息而构成的专业关系体制，及其馆员责任、义务、权力、利益和图书馆学教育的学问。其主要研究：现实图书馆和未来网上数字图书馆的管理体制，馆员责任及义务馆员权力及利益图书馆学教育等问题，基本可由：图书馆管理体制学，馆员责任与义务理论，馆员权力与利益理论和图书馆学教育理论四部子学科组成。

### 5. 图书馆应用学

图书馆应用学是专门研究将图书馆理论及文明信息运作方式推广到专门业务领域，专门人群领域、特殊文献形式领域、专用文献领域及所有权者文献领域的学问。其主要研究：各类专门图书馆的人文效应和价值效应问题。

档案实际上是一种特殊用途的文献，尽管有专门的管理方式，但档案的内容依然属于文明信息，则我们可以从现代信息学意义上就把档案馆理解为特别图书馆的一种。至于文物，我们则可将其理解为文明信息的物质实体，这一物质实体的基本内容依然是文明信息，而不是其物理属性。所以，文物也是一种特殊形态的文献。这样，我们同样也可以从现代信息学意义上将博物馆、纪念馆、展览馆等文物机构理解为特别图书馆。用文明信息对图书馆学建设，这是出于以下几点考虑：

（1）文明信息是人类社会实际生活中存在的，图书馆要全力地服务于整个社会生活的所有人；

（2）现代文献不只是"读"这一种对文明信息的接收方式，还有视、听、摸等接收方式；

（3）图书馆的社会功能以社会生活的所有群体为对象，而不只是愿意读书的人；

（4）图书馆的社会价值是给予所有社会群体以信心、勇气、力量智慧和乐趣。

总之，文明信息有其在宇宙时空中的必然性，文明信息是宇宙信息领域的最高存在形式，文明信息是人们社会情理生活的必然，而文献和图书馆又是文明信息发展的必然产物。因此文明信息就成为图书馆学建设的根本，其贯通图书馆的社会存在方方面面，其实际上是最能代表人类21世纪理性图书馆学建设观念的。

# 第二节　图书馆学的相关学科与研究方法

## 一、相关学科

图书馆学不是孤立存在的，它一方面与一些学科在研究对象和研究内容上交叉重复，在历史渊源、现实状况和未来发展中，都有着同族的关系；另一方面，图书馆学利用其他学科的理论和方法来解决自身的理论与实践问题，相互之间存在着紧密的关系。和图书馆学有同族关系的学科主要是档案学、情报学、文献学和目录学等。

### （一）图书馆学与档案学

中国早期的图书馆工作和档案工作是紧密地结合在一起的。档案学和图书馆学一样，它的思想渊源可以上溯到殷商时期，这种历史发展上的血缘关系，决定了图书馆学与档案学的内容有着千丝万缕的联系。在实际工作中，这种联系更加明显，诸如图书和档案的积累、整理、组织和利用、保管等重要环节，在理论和技术方法上都有很多共同之处。

### （二）图书馆学与情报学

情报学是一门新兴的科学，大约在20世纪三四十年代才开始出现专门探讨情报工作的论文。图书馆学和情报学的密切关系，首先表现为图书馆学，甚至还包括档案学和目录学，都是情报学的先导科学，它们为情报学准备和提供了大量的实际材料、理论原则和工作方法，对情报工作的许多领域进行了有意义的探索和总结，从而成为情报学得以迅速发展的必要条件之一。其次，在学科内容上反映出两者的交叉与重复，这主要是由于情报学和图书馆学在理论上都必须研究文献情报源、在实际工作中都必须利用文献情报的缘故。

### （三）图书馆学与文献学

记录有知识的一切载体都是文献，作为文献学研究对象之一的文献工作，实际上是图书馆、档案馆、情报中心等的基本工作内容，因为这些机构工作的主要对象都是文献。虽然它们在工作程序、工作手段与方法上有各自的特点，但同时也存在性质和对象的一致性，故而文献学的原理、方法对图书馆学，乃至对档案学、情报学、目录学都具有重大的参考意义。

### （四）图书馆学与目录学

在图书馆业务中，最先发展和逐步完善起来的一部分内容是目录工作，从文献收集整理加工，直到宣传推荐、检索和利用，每一个环节都要应用目录和目录学知识。中国近代以来，目录学始终作为图书馆学最亲密的姐妹学科之一同步发展。

### （五）图书馆学与其他学科

图书馆学要研究如何发挥图书馆的教育功能，和教育学有着密切的关系。图书馆在借阅书刊、宣传推荐、指导阅读、解答咨询以及其他各项服务工作过程中，对读者施以教育影响，甚至图书馆的环境，对读者也具有潜移默化的教育作用，所有这一切都需要借助于教育学的基本原理和方法。

图书馆活动是一种社会现象，和社会学的关系也密不可分，图书馆事业的发展，图书馆活动的变化，读者的阅读需求和图书馆员的工作，都受社会环境的制约，研究图书馆及其活动，就要将它们置于整个社会之中来考察。早在20世纪30年代，社会学的有关理论和研究方法，就被借鉴和吸取到图书馆学中，80年代以来，中国学者倡导图书馆学与社会学相结合，开拓"图书馆社会学"阅读社会学等新的研究领域，取得了一定的进展。在图书馆学研究中运用心理学的理论和方法，研究读者阅读需求和阅读过程中的心理活动，有助于图书馆更有成效地开展读者服务工作，读者心理学这门图书馆学的分支科学也将会在此基础上发展成熟起来。

图书馆的现代化，以实现图书馆工作计算机化为中心。当代图书馆学中任何重大的研究课题，都需要将传统的图书馆学理论和方法与现代化的计算机技术相结合。

除上述学科以外，经济学、统计学、传播学、历史学、语言学、逻辑学等，也都是与图书馆学相关的学科。

当代图书馆学的主体部分是由理论图书馆学、实用图书馆学和专门图书馆学组成的，这其中又有许多不同的分支学科。

## 二、分支学科

### （一）图书馆学基础理论研究

基础理论研究主要探索图书馆学的定义、研究对象和内容，图书馆学的理论基础、体系和结构，图书馆学的分支学科与相关科学，图书馆学方法论以及图书馆的性质、社会职能和作用，图书馆与社会进步等内容。

### （二）理论图书馆学

理论图书馆学是研究图书馆学一般原理的学科，它为整个图书馆学提供基本理论和研究方法，描述整个图书馆发展的概貌，对图书馆学的其他组成部分和相关部分起着指导作用。理论图书馆学是一个不断深化的领域，从历史的和现实的研究成果看，它又分为基础理论研究、图书馆建设研究、宏观图书馆学、比较图书馆学和其他分支学科等。

### （三）图书馆学宏观图书馆学

是对图书馆学研究对象进行宏观探索、逐渐形成的分支学科。它研究图书馆与社会的关系、与文献信息系统的关系以及图书馆事业中的同族关系（包括图书馆之间的关系）等。

比较图书馆学是运用比较的研究方法对不同国别地区、不同文化背景下的图书馆问题进行的研究。通过比较，确定它们的共同点和差异点，分析原因，作出解释，并从中得出能够揭示客观规律的结论。

实用图书馆学是在理论图书馆学所提供的基本理论的指导下，研究图书馆具体工作的理论、方法和技术而形成的一大门类，包括图书馆工作规律、图书馆管理图书馆现代化等实际工作领域。

**（四）图书馆学图书馆建设研究**

包括图书馆事业的发展规律经验教训、组织原理、体制及图书馆网的类型和建立原则、图书馆立法、图书馆员培养、图书馆学学术研究的组织工作、图书馆事业发展的战略研究等。

## 三、学科起源

人们将图书馆学作为一门科学去独立研究是从近代开始的。由于图书馆学是在图书馆工作实践的基础上产生的，当图书馆学自立于近代科学之林以前，历史上已有关于文献收集、整理、存储和利用方面的经验和知识，为图书馆学的形成奠定了基础。

古代至中世纪，中外图书馆学的知识都是在文献整理，尤其是在文献编目的基础上首先积累起来的。古巴比伦王国的寺庙废墟附近所收藏的大批泥板文献是按主题排列的，亚述巴尼拔皇宫图书馆的泥板文献上也刻有主题的标记，其目录被刻在收藏室的门旁和墙壁上。这可视为是在一种明确思想指导下的文献编目的起源。公元前三世纪，亚历山大图书馆第三任馆长卡利马科斯，编成了该馆的名为《皮纳克斯》的解题目录，这说明当时已形成了比较完整的著录方法。529年圣·本尼秋克特在罗马附近建立修道院并为其制定法规时，把读书当成使人信教修行的一种手段，同时代的卡西奥多鲁斯在自撰的《宗教文献和世俗文献指南》中编了一份解题书目，这份目录在后来若干世纪一直被作为修道院图书馆的藏书标准，他是第一个强调世俗文献对基督教的重要性的人。中世纪后期，出现了一批私人藏书家撰写的著作，英国著名藏书家伯里1344年完稿的《爱书》，企图扭转当时僧院学术衰退的局面，从多方面提出建设图书馆的建议。15世纪意大利藏书家费德里戈，对图书馆馆长应具备的各方面素质也发表了精辟的意见。欧洲文艺复兴至18世纪文艺复兴时期，意大利的人文主义者抱着前所未有的热情和崇敬的心情，广泛搜集图书和歌颂图书馆的价值，被称为意大利"文艺复兴之父"的彼特拉克就是这方面的代表。

当西方历史从中世纪进入近代之际，图书馆学的理论与方法结束了零星的不系统的状况，为近代图书馆学的产生奠定了基础，这是西方图书馆学孕育时期的重要阶段。著名的代表人物有法国的诺德、英国的杜里和德国的莱布尼茨等人。诺德于1627年撰写的《关于图书馆建设的意见》一书被誉为第一部具有理论意义的图书馆学著作，他的图书馆学思想的核心是：图书馆不应该专为特权阶级服务，必须向一切研究人员开放。他设想了一个完美的科学研究图书馆的雏形，其中的某些论点，至今尚富有启迪意义。曾任英国皇家图书馆馆长的杜里，1650年撰著的《新式图书馆的管理者》一书，揭示了图书馆在读者与藏书之间所起的"中间人"的作用。德国著名的数学家和哲学家莱布尼茨是近代图书馆学的先驱，在他的大量建议中包含着许许多多关于图书馆学的理论，其精辟和深刻为后世所称赞中国古代图书馆学概述中国古代不仅创造了较为完整系统的图书馆管理制度，也相应地出现了许多独具中国特色的图书馆学思想。

据考古发现，殷墟甲骨的入藏、排列都有一定的次序和方法。《周礼》一书记载有周人分官守书的情况。春秋时期，孔子和他的弟子们给《易经》一书和《尚书》《诗经》中的各篇做了必要的说明，这就是后世所称的大序和小序，它们为编目工作中提要的发展奠定了基础。

西汉刘向、刘歆父子的校书编目工作，建立了中国封建时代图书馆工作的一个基本模式。《七略》作为一部分类目录，开创了一个典籍以六经为首、诸子以儒家为尊的分类体系。自汉"六分"，晋"四部"，几经变化，到了唐代确定为"经史子集"四类，成为后世图书分类体系的主流。

从隋唐开始，关于藏书聚散的情况和原因已经引起关注。牛弘撰写《请开献书之路表》，此后，"开献书之路"成为政府图书馆从民间征集图书的一种行之有效的办法，该表还第一次总结了春秋以来图书馆史上的"五厄"及其发生的原因。

宋代是中国古代图书馆学思想发展的重要时期，一大批学者开展了这方面的学术活动。南宋的程俱、郑樵和金代的孔天监是其中的代表人物。程俱在南宋首任秘书少监时，将北宋时期国家图书馆的沿革职能、人员、藏书的征集、整理、典藏和利用等基本工作，总结成《麟台故事》一书，这是现存最早的有关国家图书馆事业的资料。郑樵在其《通志》的《艺文略》和《图谱略》等几部分中系统地提出了以藏书整理为核心、以流通利用为目的的思想，他还根据前人和自己的经验，提出搜集图书的八种方法。金代的孔天监，在其《藏书记》中记述了建立公共藏书楼的创举，反映了公开藏书的思想。

## 四、我国图书馆学的研究内容

### （一）图书馆学的主要内容

我国图书馆学研究的内容（具体任务）主要包括以下几个方面：

（1）加强图书馆学基础理论的研究。

（2）大力开展图书馆应用理论与应用方法的研究。

（3）重视开展图书馆现代化的研究。

（4）开展图书馆技术工作标准化、规范化的研究。

(5) 开展图书馆学教育的研究。

(6) 开展图书馆事业史和图书馆学发展史的研究。

### (二) 图书馆的评估及其标准

所谓的图书馆评估,是对图书馆工作全面、系统地进行定量或定性的考核和评价的过程,是图书馆管理的重要组成部分。图书馆评价标准主要有:

(1) 领导体制。领导体制是带领图书馆发展方向的重要角色,一个图书馆领导体制的优劣直接影响图书馆的未来发展。

(2) 队伍建设。事在人为,现在社会任何事情是以人为根本的,图书馆事业也是如此。这里的人指的是一个团队,单个人的力量是有限的,只有拥有一个出色的团队,图书馆事业才能发展得更好。

(3) 馆舍和设备。基础设施的状况也从侧面展示了一个图书馆的实力。

(4) 经费。经费对图书馆事业的发展起到决定性作用。

(5) 馆藏文献数量和质量。这是一个图书馆的核心竞争力,读者来到图书馆就是为了查询、学习相关文献资料的,文献资料的数量和质量,决定了图书馆的发展高度。

(6) 文献管理水平。文献管理水平的高低对现代图书馆来说也是非常重要的方面,如果现代图书馆仍然沿用传统的文献管理水平,将很容易被市场所淘汰。

(7) 用户服务。用户服务是未来图书馆的核心竞争力,用户服务的满足程度直接决定了未来图书馆的成败。

(8) 图书馆管理水平。图书馆的管理比较到位时,可以为读者提供一个较好的学习、阅读环境,这对于读者来讲非常重要。

(9) 现代化水平。当今是一个科技大爆炸的时代,各行各业都脱离不了与现代化技术的结合。图书馆行业也是一样,一个图书馆的现代化水平高低,直接影响到图书馆能否在未来得以生存和发展。

## 五、相关研究——文献分类与主题标引研究

文献分类是文献整理的重要方面。对文献分类的原理、规律和科学方法以及分类表编制的研究,有着悠久历史并逐渐发展成为图书馆学中一门重要的分支学科。

主题法是文献标引和检索方法适应现代文献发展而产生的主题检索语言,主题标引研究的主要内容是字顺检索语言的原理以及主题词表的编制和利用方法等。20世纪70年代末,中国学者从情报检索角度对分类法和主题法以及代码检索语言等进行综合比较研究,探索它们影响情报检索效率的规律和提高检索效率的途径,并以此建立情报语言学这一新的分支学科。

# 第三节　图书馆学发展趋势

图书馆学是一门既古老又年轻的科学,它的历史源远流长,它的未来充满希望。随着信息社会的到来,图书馆事业定将得到空前的发展,图书馆工作在为经济政治、文化、教育和科学研究服务方面,必将发挥更加重要的作用。利用图书馆获取信息和知识,将永远是人类的一种不可或缺的生活方式。历史将会证明,图书馆学最终将不完全属于图书馆事业和图书馆工作者,它将更充分深入地揭示有关收集组织、检索和利用文献、信息和知识的规律,成为人人都必须掌握的具有方法性质的科学。

## 一、行业发展

图书馆事业代表的是社会共同使用图书馆的体系。只有当社会上各种图书馆的数量、质量、规模发展速度和组织形式成为联系紧密的图书馆整体式,才能构成社会的图书馆事业。

### (一)西方近代图书馆学

西方近代图书馆起源于文艺复兴和宗教改革运动时期,欧洲进入资本主义社会后,大机器生产需要有文化的工人,因此教育开始普及,文献生产能力大大提高,从而促使一些全国性的图书馆开始向社会开放。

19世纪初,在资本主义社会兴起的公共图书馆得到了确立和发展。其具有向所有居民免费开放,经费来源于各级行政机构的税收,设立和管理具有法律保证等特征。公共图书馆的普及,是近代图书馆事业的突出成就,与此同时,近代大学图书馆、专业图书馆等类型也有了长足的发展。

19世纪70年代以后美国图书馆事业开始进入世界先进的行列,英国、法国、瑞士、德国和俄国等国的图书馆事业也取得了显著的进步。图书馆界的活动在国际上越来越活跃,国际文献联合会、国际图书馆协会和机构联合会都相继成立。

### (二)中国近代以来图书馆学

19世纪末叶,在戊戌变法运动的影响下,一些较开明的维新派人士请求开设公共性的藏书楼。初期的公共图书馆,多由藏书楼演变而来,1902年,浙江绍兴的徐树兰以一己之力筹建古越藏书楼,于1904年正式开放,之后湖南图书馆和湖北省图书馆也先后成立。中国国家图书馆的前身——京师图书馆于1909年开始筹建,1912年建成。

近代大学图书馆的产生,在时间上要早于近代公共图书馆。由中国人自己创办的,以1898年建立的京师大学堂(北京大学前身)图书馆为代表;由外国人在中国创办的教会大学图书馆,以1894年成立的上海圣约翰大学图书馆为最早。

辛亥革命和"五四运动"都给近代中国图书馆事业的建设注入了新的活力。20世纪二三十年代图书馆事业发展较快。据统计,1930年全国有各类型图书馆2935所到1936年达5196所,前身为京师图书馆的国立北平图书馆(1928年更名)1929年与北海图书馆合并藏书50余万册。这一时期的通俗图书馆改为民众教育馆,据1935年统计,多达1225所。1937年日本开始大规模侵略中国在战火中有无数座图书馆遭到破坏,图书馆事业的发展受到了严重的挫折。

"五四运动"之后,中国出现了一些具有进步倾向的图书馆。在李大钊影响下,北京的进步学生建立了"亢慕义斋",收藏众多马克思主义书籍。1921年,应修人等创办了"上海通信图书馆"。在邓中夏、李立三等人关怀下,工人图书馆、工人阅报室也在各地相继成立。在以后的苏区和解放区,革命政府建立了中山图书馆、鲁迅图书馆、中共中央图书馆以及其他各类型专业图书馆。北京大学的"孑民图书室"、上海中华业余图书馆等革命和进步的图书馆,对唤起民众的觉悟起了一定的作用。1949年中华人民共和国成立,中国图书馆事业进入了一个崭新的发展时期。

**(三)图书馆学向现代化过渡**

古代图书馆发端于奴隶社会,成熟发展于封建社会,其文献流通量小、比较封闭,是农业文明的产物。近代图书馆则是工业文明的产物,其宗旨是对文献藏、用并重,以用为主。管理上逐渐形成了从采集、分类、编目、典藏到阅览、宣传、外借流通参考咨询、情报服务等一整套科学方法。

第二次世界大战后,在世界政治、经济和技术力量的积极推动下,出版物数量激增,促使图书馆之间加强采购工作的分工协作和实行图书贮存制度;日益增长的读者需求,使图书馆推广了馆际互借、参考咨询工作和开架制度;缩微复制技术、静电复印技术、声像技术以及电子计算机技术等在工作中的应用与普及,促使图书馆事业发生巨大变化。各国政府为了有效地推动图书馆事业的建设,充分发挥图书馆的社会功能,纷纷采取措施,修订图书馆法,推行文献工作标准化,加强图书馆员的培训和教育,扩大图书馆资源共享的范围。现代图书馆是信息时代的产物,它已由单纯地收集、整理文献和利用文献的相对比较封闭的系统,发展到以传递文献信息为主的、全面开放的信息系统。电子计算机技术、高密度存储技术和数据通信技术在图书馆工作中的广泛应用,以及这三者的相互结合,正有力地改变着图书馆工作的面貌,甚至在影响着它的历史进程。尤其在高度发展的今天,数字图书馆逐渐得到构建,新型的图书馆将更加展现出走在时代前沿的精英时代气息。

## 二、图书馆管理的基本原则及发展趋势

图书馆管理的基本原则包括集中管理、民主管理、计划管理、注重经济效果四个方面。

## （一）集中管理原则

图书馆的集中管理原则主要包括两个内容：一是指图书馆事业建设要有集中统一的管理；二是指图书馆业务技术工作的集中管理。

## （二）民主管理原则

图书馆的民主管理原则就是吸收图书馆工作人员和用户代表参加图书馆的管理工作，图书馆可以建立有馆员和用户代表参加的民主管理组织。

## （三）计划管理原则

图书馆的计划管理原则就是要发挥工作计划在管理过程中的作用。

## （四）注重经济效果的原则

图书馆注重经济效果的原则就是要研究如何合理地使用人力和经费，以充分地发挥图书馆各种设备的能力，建立优化的文献信息资料的收藏系统和服务系统，以及与之相适应的各种科学的规章和条例。

1. 图书馆学的发展趋势，主要为：

（1）调整研究对象，立足更广阔的实践基础。

（2）融合理论与技术，打造学科发展新优势。

（3）重视对知识的组织与控制，强化管理学科色彩。

（4）积累与创新相结合，探索新的学科生长点。

2. 在图书馆学研究过程中，可能出现的学科知识生长点主要有文献建构研究、元数据研究、搜索引擎研究、数字图书馆研究和知识管理研究：

（1）文献建构研究：主要是指对文献形成结构与文献功能的关系的研究。

（2）元数据研究：图书馆学界把书目理论结合起来进行研究，推动了书目控制理论的创新和发展。

（3）搜索引擎研究：目前的搜索引擎在查全体和查准率上仍难保证，主动参与搜索引擎研究，推动搜索引擎的建设和完善，应是图书馆学义不容辞的任务。

（4）数字图书馆研究：数字图书馆研究尤其要面向应用，不仅考虑用户需求，而且要研究著作权许可、个人隐私保护和数据安全等问题。

（5）知识管理研究：知识管理的若干特征将推动图书馆学研究，将超越传统图书馆机构的局限，面向更广阔的实践基础。

## 三、图书馆发展的特点及影响图书馆发展的因素

### （一）图书馆发展的特点

就世界范围来看，图书馆的发展具有不平衡性：图书馆在数量的分布上是以国家的经济实力和文化水平为基础的；在一个国家内部不同地区之间，图书馆的发展也具有不平衡性；

图书馆由封闭式向开放式发展，使人类的精神财富，能够在更宽广的范围内实现资源共享；图书馆的职能在不断扩大，图书馆的发展，始终与人类文明的发展同步进行。

### （二）影响图书馆发展的因素

1. 国家的经济实力和文化水平，对图书馆的发展有着巨大的影响，经济实力是图书馆存在和发展的物质基础，文化水平是图书馆发展的精神动力。

2. 工业城市的出现和国家实行强制教育，也是图书馆发展的强大动力，工业城市的出现，使人口相对集中，人们集中使用文献的要求也促使图书馆迅速发展，免费教育的实行，也使将作为社会教育机关的图书馆大量增加。

3. 科学技术的发展，是图书馆发展的根本动力，科学技术活动促使文献大量增加，进而推动了图书馆规模的扩大和数量的增加，同时科技的发展也导致了图书馆形态的变化。

4. 国家的扶持和保护也是图书馆发展不可缺少的条件，包括制定相关法律法规和拨款购书，支付图书馆的费用。

5. 国际图书馆界的交流，对图书馆的发展产生着积极的影响。

### （三）图书馆的社会职能

图书馆的社会职能主要包括：

1. 社会文献信息流整序的职能。主要体现在：控制社会文献信息流的流向；发挥文献信息的潜在能量，即潜在的经济价值和社会价值。

2. 传递文献信息的职能。主要体现在：图书馆传递文献的内容信息；图书馆传递关于馆藏文献的信息；传递网络信息；传递文献信息的形成，有主动传递和被动传递之分。

3. 开发智力资源进行社会教育的职能。

4. 搜集和保存文献遗产的职能。

5. 满足社会成员文化欣赏、娱乐消遣的职能。

# 第三章　图书馆藏书建设

藏书建设是由藏书规划、选择、收集、整序、组织、管理等环节构成的系统工程，是馆藏文献资源体系的形成、发展的全过程。藏书建设工作是文献资源开发利用的基础和前提，没有对文献资源的建设，就谈不上开发和利用。藏书的数量和质量、藏书的组织和管理水平直接反映图书馆藏书建设质量的高低。因此，藏书建设工作在图书馆各项工作中历来具有重要的地位。

随着社会的进步和图书情报事业的发展，图书馆馆藏的类型发生了很大的变化，除了包括印刷型的图书、报刊、政府出版物、学术论文、专利资料等，还包括非印刷型的缩微资料、声像资料、电子出版物。而且随着科学技术的发展，非印刷型资料在图书馆藏书中的比例会日趋增加。因此，传统的"藏书建设"概念已经在很多地方被"文献资源建设"所替代，藏书建设的对象也已经从传统的图书扩大到文献资源。

文献资源建设包含宏观和微观两个方面的含义：宏观意义上的文献资源建设则是指一个地区、一个系统、一个国家乃至国际众多图书情报机构对文献资源的统一规划、协作、协调发展，最后形成一个整体，来满足社会对文献的需求；微观意义的文献资源建设是指单个图书情报机构对文献的收集、组织、管理、存储等工作，即我国图书情报界通称的"藏书建设"。考虑到本书的内容侧重于图书的收集、组织和管理，所以我们仍沿用传统的"藏书建设"这一说法。

## 第一节　图书馆藏书建设的基本概念

### 一、图书馆藏书的概念

中学图书馆藏书是一个集合概念，是以学校的规模、图书馆的任务、读者对象为依据经过全面筹划系统搜集、科学加工整理和组织逐步构成的既有广度又有深度的书刊、资料、信息资源的综合体，这个综合体也是供读者利用的一切文献的总和。

## 二、藏书建设的概念

藏书建设是指符合图书馆任务与读者需求，系统地建设、发展、规划、组织藏书体系的全过程。图书馆的藏书是图书馆各项工作的物质基础，没有高质量的藏书，就不会有高质量的图书馆，藏书的质量直接影响图书馆各个工作环节的开展和图书馆方针、任务的完成，因此，一座好的图书馆必须重视它的藏书建设工作。

## 三、做好中学图书馆的藏书建设工作

### （一）收藏好图书

#### 1.注意藏书范围

教育部关于印发《中小学图书馆（室）规程（修订）》的通知（教基〔2003〕5号），明确指出图书馆应根据学校教育、教学和教研工作的需要广泛采集国内外相关图书资料。有条件的学校从载体形式上全面收藏：①印刷型，适合中学生阅读的各类图书和报刊、供师生使用的工具书、教学参考书、教育教学研究的理论书籍和应用型的专业书籍；②非印刷型，将有保存价值的馆藏图书制作成电子文档，收集保存包括缩微、机读、声像、光盘和各类电子图书等现代文献；③其他型，未发表的，甚至未被人们认识的信息文献。

中学图书馆藏书要兼顾初中师生和高中师生的阅读要求：①初中生仍处于启蒙时期，初中学生的课外阅读，从初一的图文并茂为主过渡到初三的以文字为主，少年儿童读物不要占过多的比例，初中教师用书指一些与教材配套的初中基础教育、教辅图书和初中教师专业水平提高的图书文献信息资料；②高中部分的藏书建设要适应高中学生的学习特点和高中教师的教育教学需要，要以采集原著为主，重点高中可把大学教材列入本馆的藏书范围，藏书要结合新课程标准的需要，适应本学校教育教学的实际需要。

#### 2.关注藏书结构

《图书馆学情报学词典》中对"藏书结构"是这样解释的：图书馆藏书体系中各个组成部分的组织形式，反映着不同文献类型、不同学科、不同收藏水平、不同语言文字、不同载体形式的藏书在藏书体系中互相依赖、相互制约、相互结合的方式及其在藏书体系中各自占有的比例。

《中小学图书馆（室）规程（修订）》上要求：图书馆藏书应做到结构合理，藏书量不得低于规定标准。《中小学图书馆（室）藏书分类比例表》中，中学馆五大类藏书比例为：第一大类，马克思列宁主义、毛泽东思想，占2%；第二大类，哲学、宗教，占2%；第三大类社会科学等，占54%；第四大类，自然科学等，占38%；第五大类，综合性图书，占4%。图书馆工作人员对此要了如指掌，对本馆的馆藏结构更要做到心中有数。另外应该明确学校的中心工作是教育教学，图书馆也必然服务于此。因此，体现在藏书上也要围绕这个核心，合理安排藏书结构。具体是：

①学科结构。藏书建设要涉及基础教育规定的所有学科，凡是有关本学校教育教学设置的各学科的图书文献，在藏书建设中都要有所体现。

②类型结构。文献以不同的出版形式、不同的载体类型出现中小学图书馆应该根据自己的设备条件和师生的要求，采集到所需学科各种版本的出版物，以提供多样化的服务。

③文种结构。中小学图书馆根据本学校的具体需要，采集不同语言文字的文献，满足教育教学的需要。

④时间结构。藏书建设中的半衰期理论说明，每一学科的文献都是由不同时间段的出版物组成，中小学图书馆在藏书建设工作中，也应该体现文献的这一特点。

⑤层次结构。文献按内容深度可分成核心层、主体层、外围层，核心层主要满足师生高水平学术性、研究型的需要；主体层则满足师生教育教学的基本需求；外围层为满足介绍性、普及性需求。中小学图书馆应该根据本校师生的实际需求层次，按文献的内容质量层次进行藏书建设。

3.重视采访人员

采访人员本身要具备深厚的知识底蕴和较高的图书鉴赏能力。美国图书馆学家陶伯（Maurice F.Tauber）曾说过"图书采访乃是一门结合了侦察员、外交家及商人三方面才能的艺术。"他形象地描述了图书采访工作的复杂性，也客观地对图书采访人员提出了严格的要求。采访人员除对现代文献的类型、馆藏图书的来源、数量的控制与质量的评价以及馆藏建设的协调应有清醒的认识和理解，还应该掌握藏书补充的原则、范围和标准，制订较完整的藏书补充计划，特别是要掌握藏书补充的组织与方法。

①了解出版动态。通过订阅《全国新书目》《社科新书目》《科技新书目》及时了解最新出版动态。同时还可以通过《中华读书报》《文汇读书周报》《书摘》《中外书摘》《读书》等了解图书的具体情况。

②了解出版社。每个出版社经过长期的发展都形成了自己的特点，如清华大学出版社、人民邮电出版社主要以计算机类的图书见长；外语教学与研究出版社、外文出版社主要以外语类的图书见长；教育科学出版社、北京师范大学出版社以教育类的图书见长；商务印书馆、中华书局和上海辞书出版社以中文工具书见长等。通过对出版社的了解可以大大节约时间，提高效率。

③了解图书。图书馆藏书的服务对象是教师和学生，采购人员面对成千上万册的图书，要从中挑出适合本馆的图书，并在短时间内确定此书的阅读对象是教师还是学生，或是师生共用，并根据不同的阅读需求确定图书的副本数。

## （二）分编好图书

即指文献的整序工作，这是一个具有学术性、智力性、技术性和体力性综合特点，知识密集、工序复杂、要求严格的图书馆内部业务工作。它把采访验收工序中转来的分散无序、读者难以有效利用的文献个体，通过图书馆工作人员分编，组织形成一个排列有序、利于管理的文献收藏体系，进入文献典藏工作系统，最后供读者利用。

文献的整序工作，包括对图书的分类、编目、组织目录和建立目录体系等内容。中小学图书馆的文献整序工作在坚持标准化、规范化的前提下，还应结合本校、本馆的情况，采取一定的技术措施，使馆藏文献体系更适应学校教书育人、教育教学科研活动的需要，从而达到文献整序工作的科学化。

### 1. 文献分类

文献分类是图书馆开展业务工作的基础，它直接关系到图书的排架，关系到读者找书。中小学图书馆为了分类工作的标准化和规范化，同时能有足够的分类发展空间，建议统一使用《中国图书馆图书分类法》（第五版）（以下简称《中图法》）。分类时可以参考书名页后面的CIP（图书在版编目）数据，但作为分类人员应该熟知《中图法》二十二大类和常用的几个复分表。做到拿到某本书一看就知道分入哪个类目，丛书和多卷书要根据部头的大小、到馆情况，决定按系列丛书分类，还是按个别分类。分类时一定要结合本馆的排架特点，归类准确，详略得当。

### 2. 文献编目

编目工作要与图书馆业务工作标准化联系起来，我国文献著录标准就中小学图书馆而言，主要应用《文献著录总则》和《普通图书著录规则》两个标准。《文献著录总则》共设置了九大项，而《普通图书著录规则》设置了十大项著录项目，我们根据实际调查，认为中小学图书馆编目按照总则和规则的要求，在进行计算机编目时一般采用其中的七项即可，即：题名与责任者说明项，版本项，出版发行项，载体形态项，丛编项。标准书号及获得方式项和排检项。当然计算机编目时，馆藏项是务必要有的。CNMARC（一般指中国机读目录）著录的标准化使得检索内容可以全面完整规范地反映馆藏。

## 四、多元智能理论与中学图书馆藏书建设

藏书是图书馆三大要素之一，是图书馆赖以存在和发展的基础，也是图书馆借以完成各项任务，发挥多种功能的前提。因而藏书建设是图书馆最重要的基础工作。

美国图书馆学家谢拉说过："单是一本本的书，即使是最好的书，也不能组成图书馆，除非把它们组成一个整体。这个整体就是知识本身，就是有目标和方向的藏书。"图书馆工作的职能发挥，有赖于高质量的藏书结构，如果图书结构比例失调、品种单一、实用性差，

就不能发挥应有的作用。

### （一）藏书种类的多元化

多元智能理论认为，人类的智能是多元的，每个人都有可以发展的潜力，只是表现的领域不同而已。根据多元智能理论我们可以得出这样的结论：学生群体有共性的特征，但不同的学生有不同的特点。

此外，心理学的研究证明，由于人的发展速度的差异，同一生理年龄阶段的少年儿童在身心发展上存在一个不小的跨度。如小学一年级新生的身心发展跨度为 3~9 岁，初一年级新生的身心发展跨度是 9~15 岁，高一年级新生的身心发展跨度是 13~21 岁。

既然学生之间存在个体差距，教育者便应对学生因材施教。作为新加坡教育的里程碑，实行精英教育是承认个体能力差别在教育制度上的具体体现，而在教学方法上，则反映在弹性化教学上，这种教学特征之一就是教学进度不一致性。教师往往会把更多精力集中在那些落后的学生身上，而鼓励那些已经掌握了知识的同学多阅读课外书，弹性化地学习。例如新加坡中学图书馆，藏书种类繁多、题材丰富——智育、德育、体育的，小说、诗歌、散文、剧本，且中等教育和高等教育的相关书籍均可在图书馆内找到。图书馆基本照顾到了所有人的需要。资料的丰富，使那些不满足于课内知识，热衷于弹性学习的学生有了一个绝佳的去处，多种多样的藏书也使弹性化学习有了实际的内容。

我国中学图书馆，过去在藏书建设方面，更多地考虑到教师教学用书，试题、教学参考书、应用型的专业书籍成为购书的重点。学生读物则以文学、课外练习、科普读物等藏书为主，知识的广度、深度远远不够。而多元智能理论认为，人的智能结构是不同的，每个人都有自身的优势智能，因此也都有成才的潜能。所以我国中学图书馆的藏书建设也要做出调整，除了供师生使用的工具书、教学参考书外，应更多地考虑学生身心发展和适应中学生知识体系的学习用书以及培养学生素质各个方面的图书。学习方法、经济常识、心理健康、人际交往、生态环境、艺术修养、运动竞技以及文学、历史、哲学、政治等方面的书都应在收藏之列。前面已提到同一年龄段的学生在智力、理解力与知识水平上会存在很大的差异，因而会在阅读需求上表现出明显的差异性。这就要求中学图书馆在藏书建设中要兼顾不同读者的需要，既要满足心智发育较慢的学生对内容浅显的需要，又要考虑到某些学生超前阅读的需要。

多元智能理论强调，我们的教育制度应有责任充分发掘每个学生的潜力，让每个学生至少发现自己的一个强项。这就要求教师有新的知识观、教学观和学生观，图书馆要注重教育理论书籍的收藏，配置有关多元智能理论的图书，让教师通过阅读，提升自身内在修养，使教育思想的火花发生碰撞，切实把教育理念统一到课堂教学中，以推动学校教育科学研究工作的发展。

### （二）藏书形式的多元化

1. 印刷型文献：是传统的书刊资料，它既是满足读者最直接便利的信息资源，也是资源共建共享的基础，是图书馆提供上网资源的保障。

2. 电子文献：它通常以光盘形式发行，具有体积小、存储量大、传播面广、传递速度快等特点，可多次复制，还可满足多个读者同时阅读的需要，从而减少复本数，节省经费，并且电子文献检索途径众多，速度极快，可提高查全率和查准率，充分发挥计算机检索的优势。

3. 虚拟网络信息资源：即通过网络查询并利用的一种文献资源，它主要包括网上出版物（如电子报刊电子工具书等）、动态信息书目、数据库软件资源等。

在我国全面推进数字图书馆建设的过程中，大部分中学都接入互联网，还建立了校园局域网，这就为中学图书馆实现馆藏资源的数字化和网络化提供了现实条件。中学图书馆要充分满足读者的需求，必须重视网上虚拟馆藏的信息处理和导航作用，有目的、有计划地收集存储电子出版物，通过网络共享平台，为广大师生提供更为丰富的知识与信息。

### （三）二次文献整理

做好馆藏的深加工，对原有资源进行有效整合，使得图书馆原来的知识更加系统化、综合化，进而形成本校独特的图书馆知识库。

1. 图书馆工作人员要发挥手中小剪刀的作用，把报纸杂志上收集的内容分门别类地做好剪报、卡片，作为藏书的补充。

2. 将图书馆有价值的文献资料数字化，利用扫描仪以及汉字图形识别软件对馆内特色文献进行加工而实现数字化，然后放入图书馆网页，实现资源共享。

3. 对校内的电子图书、多媒体视频等非纸质信息资源的采集、整理、分类。

4. 把校内资源数字化，通过网络提供课堂教学资源，为教与学提供良好的环境。

## 第二节　图书馆藏书建设的对象

### 一、文献

文献是藏书建设的基本对象，了解文献的本质含义、构成要素、类型和功能，能够帮助我们从根本上把握现代文献的特征，更好地理解图书馆文献资源建设的内容，掌握文献资源建设的规律和方法。

#### （一）文献的定义

关于"文献"的定义国际标准化组织在《文献情报术语国际标准》（ISO/DIS 5217）中

的定义为:"文献是在存储、检索、利用或传递记录信息的过程中,可作为一个单元处理的,在载体内、载体上或依附载体而存储有信息或数据的载体。"我国国家标准《文献著录总则》给文献下的定义是:"文献是记录有知识的一切载体。"可见,人类的知识信息以文字、图形、代码、符号、声频、视频等形式,用一定的技术手段记载在物质载体上而形成的记录,通称为"文献"。

文献是人类社会文明的产物,它的产生和发展有着悠久的历史。"文献"一词最早见于《论语·八佾》之中。孔子说:"夏礼吾能言之,杞不足征也;殷礼吾能言之,宋不足征也。文献不足故也。足,则吾能征之矣。"这段话的意思是说,孔子知道夏代和殷商的制度,但对杞国和宋国的制度不了解,原因是这两国没有足够的文献可以作为依据,如果有了足够的文献,就完全可以了解了。这里"文献"一词包含着"典籍"和"贤人"两个方面的含义。宋代的朱熹曾在《四书章句集注》中注释为:"文,典籍也;献,贤也。"典籍是指有关典章制度的文字资料,而"献"同"贤",是指阅历丰富、满腹经纶的能人贤士。可见,古人治史,不仅要依靠文字材料,还要请教那些贤人。

到了宋末元初,"文献"的含义发生了一些变化,学者马端临在《文献通考·总序》中对文献做了比较具体的诠释。他认为"凡经、史、会要、百家传记藏书,信而有证者,谓之文。凡臣僚之奏疏、诸儒之评论、名流之燕谈、碑官之记录等,一语一言,可以订典故之得失,正史传之是非者,谓之献"。这时的"文献"是指文字资料和言论资料。随着历史的发展,"文献"的含义也逐渐演化。长期以来,"文献"一词专门指那些具有历史价值的文物和图书。直到20世纪80年代以来,学术界才取得共识,认为文献是记录一切知识的载体。

"文献"概念的发展演变过程,实际上是文献的载体和记录手段发展的过程。随着科学技术的迅速发展,人类发明了各种各样的信息载体材料。例如,文献载体材料的发展经过了甲骨、陶器、玉器、石头、竹简、帛、纸张、缩微平片、缩微胶片、光盘、磁盘等各种不同形态,目前已经逐步进入现代的多元化并存时期。与此同时,记录知识信息的方式也多种多样。例如,文献记录手段从铭、刻、抄、写过渡到印刷,进而发展到采用电、磁、光等现代技术记录手段。因此,现代文献,从狭义来讲,专指具有历史保存价值和现实使用价值的书刊文物资料,包括各学科重要的书刊资料以及历史文物档案材料。从广义来说,泛指多种载体材料的文献,如印刷型文献、缩微型文献、声像资料,以及存储在磁带、光盘、磁盘等载体上的大量电子文献。

### (二)文献的构成要素

随着科学的发展和信息记录与存储技术的不断进步,文献内容涉及的学科领域越来越宽,文献的载体形式不断改进、推陈出新。无论文献的内容和载体形态如何发展变化,文献的构成都离不开信息内容、载体材料、记录符号、制作方式和载体形态这五个基本要素。

1. 信息内容

信息内容是指文献中记录的人类在生产和社会生活中获得的信息、经过积累总结的知识，是文献构成中最基本的要素。文献就是人类所积累和创造的知识财富的物化，它的本质是信息、知识，没有信息知识内容就不称其为文献。所以，信息内容是文献的灵魂所在，文献是信息知识及其所依附载体的总和。

2. 载体材料

载体材料是指能够记录知识、信息的各种物质实体，是人类传播和交流知识信息的媒介。人类知识和信息的存储方式有体内存储和体外存储两种，信息载体也相应地有大脑载体、实物载体和文献载体三种类型。

大脑载体：即人的大脑，是一种自然的体内存储载体，也是一种活载体。它是通过眼、耳、口、手等各种手段吸收、存储、加工和输出知识信息，容量相当大。但大脑存储有很大的缺点和局限性，如大脑存储的知识是有限的，大脑存储只能通过人与人之间的对话才能进行传递和交流，受时间和空间的限制；大脑存储会随着人的死亡而消失；大脑存储不能对信息和知识进行系统组织等。

实物载体：也称自然载体，是将知识信息记录在动物、植物、文物以及金属材料等材料上，用来宣传、纪念和欣赏，对研究历史有相当的参考价值。实物载体的缺点是体积大、信息容量小、不易传播与交流。

文献载体：是专门用于记录和传播知识信息的材料，属于体外存储载体。作为文献载体材料应该具有适合信息的存储和传播的特点：首先，要有较高的信息存储量；其次，性能要稳定，信息交流传播不受时间和空间的限制并能够长期保存；最后，价格要低廉，便于公众获得与利用。现代文献所用的载体材料多种多样，除纸张外，还有胶卷、胶片、磁带、光盘、磁盘等。随着人类社会文明的发展，所积累和保存的文献量越来越大，相应的，载体材料的发展也经历了由体内向体外、由笨重到轻便、由昂贵到廉价、由低密度到高密度的发展过程。

3. 记录符号

记录符号是记录信息的工具和表达信息内容的手段，通常指语言文字、数字、声音、图像、公式、代码等。信息内容只有用被赋予特定含义的符号表示出来，才能进行存储和传播。记录符号是不断演化的，它的发展经历了结绳、刻木、绘图、画像、象形文字、表意（表音）文字、声频视频符号、各种数字代码等过程。语言文字是人们互相交流交往最通用的信息记录符号，具有可读、可记、可理解的特点，在印刷型文献中广泛使用。随着现代技术的发展，又出现了融合语言文字、声音、影像等多种记录符号于一体的新型多媒体文献。

4. 制作方式

制作方式是指在文献载体上记录信息内容的生产记录方式，反映了科学技术发展和物质生产方式的水平。文献记录的方式，主要有刀刻、笔写、印刷、照相复制、打字、录制、摄影等。其中，印刷和打字是当前最主要的两种制作方式。

5. 载体形态

载体形态是指文献载体所具备的外部形态和特征。如，图书是平装、精装还是线装，胶卷、胶片、磁带是用盒装、函装还是匣装，地图是轴还是册等。从文献的构成要素可以看出，文献既不属于纯物质的范畴，也不属于纯精神的范畴，它是一种特殊的社会产品，是一定的信息内容和一定的载体材料的统一体。文献的根本属性是信息内容，文献一经产生，就完全脱离人脑而独立存在，通过文献的传播与交流，把凝聚在文献中的信息知识扩散到整个社会。

### （三）文献的功能

文献是一种取之不尽、用之不竭的再生性宝贵资源，文献的价值是文献所含知识内容的价值。文献的知识含量越多，其价值就越高。文献资源不像自然资源那样，会随着开发和利用的深入而逐渐枯竭，它天生具有再生性、共享性，文献被利用的次数越多，它创造的价值就越大。因此，文献是推动人类历史发展的一种强大力量，有了文献，就意味着知识可以独立存在并广泛传播；有了文献，就意味着人类可以通过阅读文献进一步认识自然界改造自然界。文献不但是信息存储和交流的工具，更是智力开发的资源，促进人类知识的创造、积累和生生不息地发展。

文献的功能是多方面的，其中认识功能、存储功能和传递功能是文献的三大基本功能。

1. 认识功能

在文献产生之前，人类认识世界完全靠眼、耳、鼻、舌等自身器官，这些器官都有很大的局限，影响了对客观世界更全面更直接的认识。文献产生以后，人类就多了一种认识世界的工具。文献将人类的思想、经验、实践等结果记录下来，人类通过去阅读这些文献，就可认识过去的世界，了解现在的世界，预测未来的世界。文献就像人类发明的指南针、望远镜、显微镜等工具一样，延伸了人类各种认识器官的功能，极大地提高了人类认识世界的能力。

2. 存储功能

人类在改造自然和改造社会的实践中所获得的知识和成果，大多数都要通过文献存储下来。文献是人类知识的宝库，它汇集着人类世代的知识结晶，积累着无数的事实、数据、假说、构想、理论、定义、方法等，记载着无数的经验教训，反映着科学文化的时代水平，是人类文明发展史的见证。如果没有文献，人类的知识就不能集中、延续和继承，人类社会的发展将难以想象。

3. 传递功能

文献是作为知识信息的传递工具出现并存在于社会上的。其传递功能表现在纵向和横向两个方面。从纵向看，文献的流传为人类知识的继承提供了条件，人们通过阅读文献就可了解文献所保存的前人的知识，不去重复前人已经做过的事情，一定程度上缩短了实现奋斗目标路程的时间。从横向看,文献打破了地域的界限,带来了人类知识的传播和融合,成为联系世界和沟通全人类思想的纽带。文献认识功能、存储功能、传递功能是相辅相成的。存储功能是基础,传递功能是中介,认识功能是目的。如果没有知识的存储就没有知识的传递,而知识不进行传递也就无法利用,人类也就无法从中认识世界。

（四）文献的类型

现代文献类型复杂,且各具不同的特点和作用。人们根据不同的需要,从不同的角度,按照文献的不同属性来划分其类型,形成多种多样的划分方法。这些划分方法在不同场合,都具有一定的意义和作用。在图书情报工作中,比较通用的划分方法有如下几种。

1. 按撰写的目的和文体划分

按撰写的目的和文体划分,文献可分为著作、学术论文、专利说明书、科技报告、技术标准、科技档案、产品资料、政策法规文件、消息报道、统计资料、会议资料、宣传材料等。其中信息含量、学术价值和使用频率都较高的有下面几种。

（1）著作。著作是作者或编著者在大量收集、整理信息的基础上,对所研究的成果或生产技术经验进行全面归纳、总结、深化的成果,在内容方面具有全面、系统、理论性强、技术成熟可靠的特点。根据其撰写的专业深入程度、使用对象和目的,著作主要可以分为下列几类。

①科学著作：反映某一学科或专题研究的各类学术性成果,对其中所涉及的问题及现象研究有一定的深度,创造性突出。主要包括科学家撰写的专著和著作集,科研机构、学会编辑出版的论文集等,可供高水平的研究人员使用。

②教科书：专供学习某一学科或专业的基本知识的教学用著作。以教学大纲要求和学生的知识水平为编写准则,着重对基本原理和已知的事实做出系统地归纳,具有内容全面系统、定义表达准确、叙述由浅入深、循序渐进的独到之处,能给予学习者新的体会和领悟,便于自学。

③技术书：供各级各类工程技术人员参考的技术类著作。系统阐述各种设备的设计原理与结构,生产方法与工艺条件、工艺过程,操作与维修经验等方面的知识,对指导生产实际操作有重要参考价值。

④参考工具书：供查考和检索有关知识或信息的工具性著作。广泛收集比较成熟的知识信息,按一定的规则组织编写而成。主要向使用者提供可参考的知识信息,如事实数据、定义、观点、结论、公式、人物等。各种百科全书、年鉴、手册、大全、名录、字典、词典等是参考工具书的主要代表。其特点首先是知识信息准确可靠,一般由高水平的专家审定或编撰;其次所提供的知识信息既广采博收,又分析归纳,论述简要;此外,对知识和信息的组织比较科学,易查易检。利用参考工具书可以查找名词术语定义、事实事项、机构、人物、产品、数据、物名、图谱、表谱等。

（2）学术论文。学术论文特指作者为发表其学术观点或研究成果而撰写的论述性文章。论文内容一般是某一学术课题在理论性、实践性或预测性上具有新的研究成果或创新见解，或是某种已知原理应用于实践中取得新进展的科学总结，向使用者提供有所发现、有所发明、有所创造的知识信息。具有信息新颖、论述专深、学术性强的特点，是人们交流学术思想的主要媒介，也是开展科学研究参考的主要信息源之一。学术论文按撰写的目的可分为：以论述科学研究理论信息为主的科学论文，以论述科学技术信息为主的技术论文，以某一特定研究主题做专门论述的专题论文，以为申请授予相应学位而撰写的学位论文。

（3）专利说明书。专利申请人向专利主管部门呈交的有关发明创造的详细技术说明书，是具有知识产权特性的信息资源，主要包括经实审批准授权的专利说明书和未经实审的专利申请公开说明书。专利说明书涉及的技术内容广博，新颖具体，从高深的国防尖端技术到普通的工程技术以及日常生活用品无所不包，具有融技术信息、经济信息、法律信息为一体的特点。据统计，世界各国每年公布的新专利约105万件。在应用技术研究中经常参阅和利用专利说明书，可以缩短研究时间60%，节省开发费用40%，是了解掌握世界发明创造和新技术发展趋势的最佳信息资源。

（4）科技报告。科技报告是描述一项研究进展或取得的成果，或一项技术研制试验和评价结果的一种文体。科技报告具有信息新颖、叙述详尽、保密性强、每份报告单独成册、有固定的机构名称和较严格的陈述形式的特点，是获取最新信息的重要信息资源。科技报告按研究阶段可分为进展报告和最终报告。

（5）技术标准。对产品和工程建设的各个方面所作的技术规定，是进行科研和生产的共同依据。根据使用的范围，可分为国际标准、区域标准、国家标准和企业标准等。按内容可分为基础标准、产品标准、工艺及工艺装备标准和方法标准等。技术标准具有计划性、协调性、法律约束性的特点，它可促使产品规格化、系列化和通用化，对提高生产水平、产品质量，节约原材料，推广应用研究成果，促进科技发展等，有着十分重要的作用。可为了解各国的技术政策、经济政策、生产水平和标准化水平提供依据。

2. 按文献的载体材料划分

文献资源按载体材料、存储技术和传递方式可分为印刷文献、缩微文献、声像文献和机读文献。

（1）印刷文献。印刷文献是以纸质材料为载体，采用各种印刷术把文字或图像记录存储在纸张上形成，它既是文献信息资源的传统形式，也是现代文献信息资源的主要形式。印刷型文献按编辑与出版的形式特点，可以划分为图书、期刊、报纸以及特种文献。

①图书：是用文字、图像或其他符号手写或印刷于纸张等形式的载体上，具有一定篇幅并制成卷册的非连续性的文献。根据联合国教科文组织的规定，现代图书的篇幅除封面外应不少于49页。图书的内容反映人类的思想，记录对周围环境的认识、生产经验和科学实验

的结果。其内容特征是主题突出、全面系统、较为成熟可靠,但出版周期长、传递知识与信息的速度较慢,是读者系统了解和掌握一门学科知识的最基本文献。现代图书一般由封面、书名页、版权页、目次、正文等组成。

小册子是一种特殊的图书,按照1964年联合国教科文组织规定,凡5页以上,不超过48页(封面除外)的不定期出版物称为小册子。但不少国家根据各自的情况都有自己的规定,如法国规定64页以上是书,64页以下是小册子;意大利规定10页以下是小册子。小册子通常是非连续出版的独立实体,未经正式装订或简单装订成册,但可能是具有同一版式同一主题的丛书的一个单元。

②期刊:又称杂志,有固定名称和版式,定期或按宣布的期限出版,并计划无限制出版的连续出版物。期刊有以下特点:定期连续出版,有出版序号,如卷、期、年月号;有固定的名称、版式和篇幅,以及基本稳定的栏目;内容新颖,包含最新、最近的信息进展;每期内容不相重复;一般刊登多个作者的多篇论文。期刊类型多种多样,按内容可分为学术性、时事政治性、资料性、检索性、普及性期刊等。

③报纸:是每日、每周或每隔一定的时间(通常较短)发行的一种连续出版物,以刊载新闻为主,包括评论文章(如社论)、特写、广告和其他内容的文章,是重要的社会舆论工具和大众传播工具。报纸按范围级别分,有全国性报纸和地方性报纸;按内容性质分,有综合性报纸和专业性报纸;按出版时间分,有日报、双日报、周报和月报等。联合国教科文组织把每周至少出版四次的报纸称为日报,把每周出版三次以下的报纸称为非日报。

④特种文献资料:不定期的连续出版物,是出版形式比较特殊的科学技术文献资料。如科技报告、政府出版物、会议文献、产品样本、专利、标准、档案资料等。

印刷型文献的主要特点是便于阅读和流通,由于载体材料所存储的信息密度低,占据空间大,难以实现加工利用的自动化。

(2)缩微文献。缩微文献,一般是以感光材料为载体,用照相的方式将原始文献缩小后真实地记录下来,是一种按高倍率复制的文献,有缩微胶卷和缩微平片两种类型。缩微资料具有许多优点:①体积小、重量轻、信息密度大,可节省存储空间。如超缩微倍率可达到千分之一倍。商品化的150倍缩率的平片可将3000余页文献容纳在105~148mm的胶片上,比印刷品节省存储空间98%,重量减轻95%。②保存期长,普通印刷品能保存100年而缩微资料能保存100~500年。③复制性能好,既可缩小,又可放大,不走样,不变形。④制作迅速,成本低廉,其价格只相当印刷品的十分之一。缩微文献的缺点是使用不便,必须借助于阅读放大机才能阅读。早期的文献检索系统大多为缩微文献类型。

(3)声像型文献。声像型文献是以电磁材料、感光材料为存储介质,以电磁手段或光学手段将声音和图像记录下来而形成的一种文献形式。主要包括唱片、录音录像带、电影胶卷、幻灯片、光盘资料等。视听资料的特点是:存储信息密度高,用有声语言和图像传递信息，内容直观、表达力强，易于接受和理解，并可用来获取和传递一般手段不能获取和传递的各种信息，多用于宣传和教育类文献。缺点是需借助于一定的设备才能阅读。

（4）机读文献。机读文献，又称电子文献。按载体材料、存储技术划分有联机型、光盘型和网络型三种。联机型文献，以磁性材料为载体，采用计算机技术和磁性存储技术，把文字或图像信息记录在磁带、磁盘、磁鼓等载体上，使用计算机及其通信网络，通过程序控制将存入的有关信息读取出来。光盘型文献，以特殊光敏材料制成的光盘为载体，将文字、声音、图像等信息采用激光技术、计算机技术、刻录在光盘的盘面上，使用计算机和光盘驱动器，将有关的信息读取出来。网络型文献，是利用国际互联网（INTERNET）中的各种网络数据库读取有关信息。电子型信息资源具有存储信息密度高，读取速度快，易于网络化和网络化程度高，高速度、远距离传输信息的特点，使人类知识信息的共享能得到最大限度的实现。

3.按信息的加工深度划分

文献信息资源按其信息加工深度划分，可分为零次文献、一次文献、二次文献、三次文献、高次文献共5种。

（1）零次文献：是指未以公开形式进入社会流通使用的实验记录、会议记录、内部档案、论文草稿、设计草稿等。具有信息内容新颖、不成熟、不定型的特点，不公开交流难以获得。

（2）一次文献：是指以作者本人的研究工作或研制成果为依据撰写，已公开发行进入社会流通使用的专著、学术论文、专利说明书、科技报告等。因此，一次文献信息资源包含了新观点、新发明、新技术、新成果，提供了新的知识信息，是创造性劳动的结晶，具有创造性的特点，有直接参考、借鉴和使用的价值，是人们检索和利用的主要对象。

（3）二次文献：是对一次文献信息进行整理、加工的产品。即把大量的、分散的、无序的一次文献信息资源收集起来，按照一定的方法进行整理、加工，使之系统化而形成的各种目录、索引和文摘。因此，二次文献信息资源仅是对一次文献信息资源进行系统化的压缩，没有新的知识信息产生，具有汇集性、检索性的特点。它的重要性在于提供了一次文献信息资源的线索，是打开一次文献信息资源知识宝库的钥匙，可节省人们查找知识信息的时间。

（4）三次文献：是根据一定的目的和需求，在大量利用一二次文献信息资源的基础上，对有关知识信息进行综合、分析、提炼、重组而生成的再生信息资源。如各种教科书、技术书、参考工具书、综述等都属三次文献信息的范畴。三次文献信息资源具有综合性高、针对性强、系统性好、知识信息面广的特点，有较高的实际使用价值，能直接提供参考、借鉴和利用。

（5）高次文献：是在对大量一、二、三次文献信息资源中的知识信息进行综合、分析、提炼、重组的基础上，加入了作者本人的知识和智慧，在原有的知识信息基础上，生成比原有知识品位更高的知识信息新产品。如专题述评、可行性分析论证报告、信息分析研究报告等，具有参考性强、实用价值高的特点，社会效益和经济效益显著。

## 二、少儿图书馆藏书建设

藏书建设是图书馆的基本建设，没有完善的藏书体系便想办一个高水平的图书馆将无从谈起，一个组织完善适应需求的藏书体系不是一朝一夕就能完成的，而是对图书情报资源进行长期持续的筛选积累的结果。信息时代下，各类型的图书馆都在探索藏书建设的途径，少儿图书馆也不例外。根据少儿馆的性质和任务，以提高少儿素质、丰富他们的课外生活、开阔视野、增长才干、使他们课堂学习不断得到补充和延伸为目的，必须建立一个合理、有序、科学、动态、具有儿童特色的完善的藏书体系。

### （一）素质教育的目标，是少儿图书馆藏书建设的主要依据

少儿图书的服务方向不是帮助少儿学好课堂功课，而是致力于少儿全面素质的培养，发展他们的个性，挖掘潜力，启迪思想，激发他们的想象力和创造力。《中国教育改革和发展纲要》着重提出："中小学生要由'应试教育'转向全面提高国民素质的轨道，面向全体学生，全面提高学生的思想道德、文化科学、劳动技能和身体心理素质，促进学生生动活泼地发展，办出各自的特色。"这个纲要是我国教育以新的面貌跨入21世纪的重大举措。少儿图书馆作为社会教育的基地、中小学生的第二课堂和校外活动的重要场所，在为实施素质教育创造良好的条件、环境和氛围方面有着不可推卸的责任。而图书馆为学校教育服务的业务工作，是从图书馆的藏书建设开始的。其藏书数量的多少、范围的宽窄，质量的优劣是图书馆开展各项工作的物质基础，是履行其各项职能的前提条件，尤其是在科技突飞猛进，出版事业蓬勃发展的今天，离开高质量的藏书体系就不可能有令读者满意的高水平的图书馆。在不断地完善少儿馆藏书体系的同时，必须认真贯彻我国的教育方针和培养目标，只有这样，才能更好地适应服务对象的多种需求。这一特定的服务方向和培养，决定了少儿馆藏书体系的主要范围，它应该是一个多学科、多层次的结构范围，以学科的普及性读物、文学艺术、文化教育，特别是少儿读物为藏书重点。藏书在内容上尽量体现出知识的综合性、丰富性、趣味性和新颖性，这样才能逐步形成自己的具有特色的藏书体系。

### （二）少儿馆藏书的基本结构和藏书的重点

1.制约藏书的依据是藏书结构建立的出发点和归宿

因此，在设计一个科学的、合理的藏书结构时，必须综合考虑到以下几个制约因素。

（1）本地区的经济、科技、文化发展的情况，只有了解这些情况做到心中有数、才能确定入藏的重点、范围和深浅层次，从而确保藏书的针对性、实用性。

（2）不同读者对象产生不同需求类型，决定不同藏书级别要求。少儿馆的主体读者是广大少年儿童，他们是怀着丰富课外生活、开阔视野、增长知识、延伸课堂教育为目的而利用图书馆的，这就决定了读者对文献需求的类型、范围和层次。

（3）少儿馆设计藏书结构时，应对原有藏书进行全面调查统计分析，掌握情况，在原有藏书规模的基础上再行设计未来藏书的范围与深度。否则，就失去其实现的可能性。

（4）衡量一个馆藏建设水平的重要标准是看其藏书的利用率高低，如果某一学科专业的藏书利用率很低，不能发挥其相应的作用，那么就应该做必要的调整。

（5）经费设备条件，这是馆藏发展的物质条件，设计藏书结构要以现有的经费设备为依据来确定各类书刊入藏及复本比例。

2.馆藏书的基本学科结构和藏书重点

（1）全面广泛地入藏各个学科的普及性读物。这些普及性读物涉及的知识门类应尽可能地广泛，社会科学、自然科学、无所不包，特别要重点收藏"科普读物"。如今科普读物越来越受到中、小学生的青睐。随着年龄的增长，知识积累能力的提高，中、小学生对周围的世界不再满足于"是怎样"，而要进一步探讨"为什么这样"或者"将来会怎样"，因而他们致力于在课外阅读中拓宽知识、发展智力、培养对科学的兴趣。现代的孩子，阅读能力已远远超出我们的想象，因此，我们在书刊的入藏上完全可以"成人化"一些，尽量满足他们求知的需要。

（2）国内外先进思想家、政治家及国家领导人的相关书籍，都应该是少儿馆必藏的书。这有助于少儿读者形成确立正确的人生观与世界观，成为适应新时代需要的优秀人才。

（3）加强政治思想教育类书刊的入藏。应着重入藏爱国主义教育、革命传统教育方面的书刊。随着中共中央、国务院《新时代爱国主义教育实施纲要》的印发，小读者对爱国主义的主题图书显现了浓厚的兴趣，到馆借阅这类书籍的读者人数与次数不断增加。

（4）有针对性、选择性地入藏教学参考类的书籍。本着减轻学生课外负担的原则，应该适当降低学习参考书的比例，各种教学辅导读物，如"考试指南""模拟试题"等时效性太强的不藏，做到有针对性、有选择性地入藏，以防馆藏书品类泛滥。

（5）全面广泛地入藏儿童文学艺术书刊。借阅这类书籍的人数与次数占比大，利用率高，因此需要精心挑选，那些内容有害、粗制滥造的作品应该避免入藏。从读者阅读倾向来看应该重点收藏以下几种图书，中外文学名著、名人传记、爱国主义故事、童话故事、神话故事、卡通故事等。文学名著、卡通读物，由于这种类型的书内容新颖、离奇、画面多姿多彩，很符合少儿读者的阅读心理和欣赏趣味，"童话""神话"也是小读者们长借不衰的读物。

（6）为低幼活动室配置"批准"收藏图书。在给低幼活动室配置各种各样的智力玩具的同时，也必须为其配置一批可视性强、内容生动有趣、简单易懂、图文并茂的低幼读物。此类图书只需留样本，其他的作为消耗性图书，因为这类图书出版更新快、易破损、保存价值不高，要经常更换新品种。

（7）有针对性地收藏一些培养少儿现代化技能的图书。比如，少儿微机知识、信息技术、手工制作等方面的书籍，并要做好推荐导读工作，以便读者更好地利用这类藏书。

### （三）少儿馆藏书文献多样化

随着当今科学技术的迅速发展，记录信息知识的载体由传统的纸质印刷资料向视听型、缩微型、计算机阅读型等非书资料转化，其发展规模已显示出与书刊资料并驾齐驱的趋势，逐步形成了一个非书资料系统。因此，少儿馆除了收藏印刷型资料外，还应该购买一批非印刷资料。尤其要注意收藏直观性强、形象生动、内容健康活泼、有教育意义的，符合少儿读者需要的视听资料。但因视听资料更新快，有些声像资料本身的保存期有限，因此，在力争跟上技术进步发展的同时，考虑尽量符合"少而精"的收藏原则。

### （四）更新观念，扩大藏书服务对象范围

随着人们思想的不断转化，通过不断地研究探讨，有关专家认为，21世纪少儿馆的定义应该是："通过先进的科学手段，收集、加工、组织、存储与传递儿童成长教育、生活等方面的文献资料信息，为广大儿童乃至全社会，提供系统化文献信息服务的社会主义文化教育机构"。传统少儿图书馆的读者范围比较窄，群体数量有一定的限度，且全部是少年儿童。根据21世纪少儿图书馆的概念来看，少儿图书馆的读者不仅仅是少年儿童，还包括家长、教师、儿童教育家、教学科研人员等。目前在实施素质教育中，家庭教育是素质教育的重要环节，教师是素质教育的主导。要培养在数字化浪潮中具有高素质的人才，教师素质的提高是必要的，为了解决知识爆炸、知识老化的问题，家长、教师必须不断地充实自己、不断更新知识。因此，少儿馆必须注意收藏有关素质教育和教学改革新动态新知识、新理论、新方法等方面的资料，供家长学习，以更有效地进行家庭教育，供教师参考研究，以不断提高教学水平，与时代同步。

### （五）抽量采访工作的针对性，不断完善与丰富馆藏

近年来书刊价格不断上涨，不少少儿图书馆采取减少副本量与品种来节约经费，这种做法是不能提高经费使用率的。正确的途径是提高采购工作的水平，做到采购质量、数量合适，且实用性强的图书资料。这个目标要根据读者的实际需求和书刊内容的选择来实现，要求切实做好与采购相关的调查、研究，增加采购工作的针对性和计划性。在图书定价大幅上涨的情况下，读者个人购买大量图书有一定的困难，因而他们迫切希望图书馆能采到自己所需要的书刊。因此，走到读者中去、广泛地听取意见、及时分析读者特点、了解读者的阅读倾向，以掌握第一手资料，确定阶段性的采购原则和对策，只有这样才能把有限的经费用到刀刃上。

### （六）加速馆藏新陈代谢

以保证藏书质量为前提的藏书建设中，除了各类新书刊要及时补充外，剔旧工作也是不可忽视的，它是衡量藏书体系是否完善的一个重要组成部分，必须严格对待剔除原则。为了保持馆藏的活力，建立合理藏书体系，必须对使用性差、长期压架、内容不宜公开流通、陈旧过时或残缺破损的各类滞架图书进行剔除，以提高藏书质量。总之少儿馆的藏书建设是一个重要的系统工程，要不断地完善少儿馆的藏书体系，就必须更新传统的藏书观念，变以"藏"为主，为以"用"为主，不求馆藏面面俱到，只求"藏以致用"，这样才能建立一个完善的藏书体系，适应21世纪的挑战。

## 三、高校图书馆藏书建设

图书馆藏书是一个集合概念，是指图书馆收集、整理、保存并为读者利用的各种文献的总和。高校图书馆的最根本任务是为高校教学和科研服务，馆藏书刊是图书馆完成自身使命开展各项活动的基础。如果没有一定数量和一定质量的藏书，就无法保证教学和科研工作的正常顺利进行。藏书建设是一个在中国比较通行的图书馆专业术语，在西方通常被称为馆藏建设，或者馆藏发展，藏书建设这个词是从古代藏书采访发展演变而来的一个现代图书馆专业术语。自从图书馆产生以来，藏书活动就开始了。近代社会之前的藏书主要还是集中在"藏"，也就是书籍的求购和藏书的保护保存。近代以来，随着科学技术的进步，书籍印刷制造本身变得简单高效，取得了长足发展。随着其他各个学科的飞速发展，如今每年新增图书数以百万计，新增刊物也至少有几十万种，面对浩如烟海的图书期刊，有计划地、科学地、选择性地收集文献日益成为图书馆建设的一项重要工作。另外，各种出版物失效期不断缩短，也使得加强藏书建设更加迫切。

然而，藏书数量的激增使得不少图书馆都陷入了"书满为患"的境地。藏书数量的增多一方面增加了书刊查找的难度，使得图书利用率降低，另一方面又增大了工作人员日常维护的工作量，使得购书和其他开支不断增加，成为影响图书馆建设的瓶颈。因此，单纯追求藏书数量的增长不仅会造成图书馆易用性和可用性的下降（也就是图书馆"质量"的下降），也是不现实的。如何在藏书数量和质量这两个方面找到一个科学合理的平衡点，已成为我们不得不面对的问题。

数量和质量既相互依赖又互相制约，藏书量是质的基础，但盲目增长的量又会使质下降，图书馆的作用不仅仅是"藏"，更重要的是"用"。历史上图书馆的一个质的飞跃就是从以藏书为目的转变为为读者服务、为读者利用的图书馆。"用"是评价图书馆建设的重要标准之一，甚至可以说是最重要的标准。

藏书建设应该包括规划、补充、复审与剔除等基本环节。一般而言，在我国图书馆学界藏书建设通常包括藏书体系规划、藏书选择与补充藏书组织管理以及藏书建设理论研究等四个方面的基本内容。其中，前三个方面尤为重要，这三个环节是图书馆藏书建设的基本内容，它们相互联系、相辅相成，不能忽视或削弱任何一个方面。

规划是藏书建设的蓝图，它根据图书馆的性质、任务和读者需求等因素，综合考虑制定藏书的目标与准则、收藏的范围、类型与标准，以及相应的藏书体系结构模式。对于高校图书馆而言，它就具体规定了每个学科、研究领域的书刊应该收集的广度、深度以及大致的数量标准。这项工作是藏书建设的基础，应当由相应的专业人员来根据科学合理的规则，同时考虑本馆的实际情况协商制定。有了这样一个规划就可以使馆藏建设尽量减少个人主观意志的影响，使之成为有科学依据的工作。按照规划补充书刊，并以此为依据对藏书加以评价和审查，就可以比较恰当地控制图书馆的藏书数量和保证藏书的质量，形成科学合理的藏书布局。

高校图书馆要从数量和质量两方面着手建立起既有数量保障又有较高质量的藏书体系，应从以下几方面做起。

### （一）从最佳保证率入手，计算最佳藏书量

要用质量控制数量，陈鸿舜曾提出：图书馆藏书建设指的是把最低限度的藏书建立起来，使它逐渐达到丰富和系统，而且要把它组织好和处理好。保障率的计算，国外有各种不同的计算方法，例如日本国立、公立大学直接规定图书馆藏书量要保证文科学生每人应有50册、自然科学学生每人30册，而苏联是以每人每次可借册数和综合考虑其他因素定为8~12册。但国外情况和国内不尽相同，国外读者主要以阅览为主，馆藏复本量低，而我国多以出借为主，馆藏复本量较高。

国内许多学者也提出了各种不同的计算方法，对此各个图书馆可考虑学校类型、学科设置、自身场馆面积、经费多少等，结合实际找出适合自身的保障率。

### （二）控制图书增长率

随着每年购书的积累，图书馆藏书基数不断增大，如果总按照以前的增长率要求来购置图书，会使得每年增加的图书越来越多、藏书基数更大，形成恶性循环。因此，对于非新建馆应当在确定最佳藏书量之后，降低图书年增长率，再剔除相当数量的旧书，使得馆藏书保持基本稳定或略有增加。只有这样，既控制了数量又保证了质量，才能使藏书量保持在最佳状态。对于一些新建馆，可以将增长率定得高一些，但要保持相对稳定。

### （三）以读者为中心，优化藏书结构，控制数量，改善质量

我国有3000多所高校，各个高校学科设置、在校生数量与教职员工比例、研究方向等均不相同。高校图书馆应根据高校自身特点，开展调查研究，针对不同层面的读者制定不同藏书级别和图书类型的比例，以优化藏书结构。例如，对于大学低年级的学生，图书馆只需

要供应少量有关基础知识、一般读物和基本参考资料,而对于高年级学生和研究人员,则必须提供充分的相关专业图书和参考资料,值得注意的是,这个工作并不是一劳永逸的,而是要根据学校专业和课程的变动、学生和教职员工的比例以及研究人员研究范围的转移不断进行调整。

### (四) 加强对图书的审查剔除工作,以质量控制数量

复审工作是改善藏书质量的重要手段,是根据藏书规划所制定的原则和标准对已经入藏的文献进行复审或复选,剔除不符合要求的文献,从而建立科学合理的藏书体系。

如今是一个知识爆炸的时代,科学技术和人类社会的发展日新月异,图书的出版量正呈几何级增长。出版量的激增,使得图书馆的藏书也在急剧增加。不断加快的增长趋势,使得各图书馆迅速膨胀起来,不仅存储空间的问题无法解决,而且经费也成了问题。剔除工作不仅是为了解决藏书空间和巨大的出版量及不断上涨的书价造成的经费紧张问题,更重要的是它优化了藏书结构,提高了藏书质量。

受长久以来盲目追求图书馆藏书数量的影响,复审和剔除工作并没有很好地在高校图书馆中展开,有些人担忧旧书的删除会影响到读者的使用,一个学院图书馆很小一部分藏书即可满足要求,99%的使用记录集中在40%的藏书中。另外如今科技发展十分迅速,很多技术在发展中早已被替代淘汰掉,不再应用,其书刊自然没有再储藏的必要。

### (五) 改善图书馆条件,增加阅览比重,减少复本率

欧美等发达国家的高校图书馆建设相对而言十分完善,特别是阅览条件很好,多半以阅为主要服务方式,利用率较高,复本量自然不大。在我国建设一流高校的过程中,应当考虑增加图书馆阅览面积,创造良好的阅览条件,调整图书组织,逐步从"以借为主"过渡到"以阅为主",可以大大提高图书的利用率。这样可以减少新增图书的复本率,不仅节省经费,而且减轻了藏书压力。

除了上面提到的几点之外,还有一个更加重要、十分具有现实可行性的途径:馆际互借。这是从目前我国国情出发,对提高图书馆藏书建设具有极其重要意义的举措。馆际互借是指图书馆为了共享信息资源,在馆与馆之间达成馆际互借协议,当本馆的馆藏文献不能满足读者需要时,向对方馆去借本馆未收藏的文献资料。这样不仅可以提高文献利用率,减少不必要的馆藏,又能补充各馆文献资料的不足,可以更好地为读者服务。在德国,每年有280万人次使用馆际互借,成功率达87%,现在越来越多的高校图书馆开展了馆际互借服务。理想化的馆际互借完全可以通过互联网独立完成,但前提是图书馆的数字化建设。图书馆的数字化建设需要投入大量的人力财力,目前相关理论还不是十分成熟。考虑到我国互联网建设的现状和中文录入检索方面的因素,基于目前现有网环境,根据馆际互借协议和各个图书馆投

入的人力情况来看，馆际互借是较为理想的模式。各个图书馆可以根据自身情况，将馆际互借业务交给某一部门来主管或者设立专门的部门负责。

有了馆际互借，各高校图书馆可以在图书采购等更多方面开展合作。比如重要的核心图书期刊可以重复采购，其他非核心文献可以协调采购，加强合作、突出各馆特色，形成文献信息资源的整体保障体系。这样不仅提高了文献覆盖面，而且相对节省人力物力。高校图书馆形成自己特色的同时，加强了专业化的进程，工作人员在采编、组织、复审、剔除等方面更加专业，馆藏图书质量必将大大提高。

科学技术和社会的飞速发展给图书馆事业带来了新的挑战，尤其是在馆藏建设方面。出版物的高速膨胀和快速老化使得盲目追求大而全的"藏"不仅不适合社会发展的需要，而且是不现实的。新信息环境下，高校图书馆的信息资源建设，要适应社会的发展，树立新的理念，不但要追求适当的藏书量，更要注重质量的提高，走出一条适合自身发展的道路。

## 第三节　图书馆藏书建设的研究内容

### 一、馆藏文献的特点

馆藏文献资源是整个社会文献资源的重要组成部分，是图书馆依据本馆的性质任务和读者对象的需求，从庞大的文献群中选择收集起来，并经过了一系列的科学组织与管理而形成的一个规模化、有序化、加工化文献体系。馆藏文献的有如下几个特点。

#### （一）具有一定的规模和结构

文献资源是人们迄今为止收集、积累、存储下来的文献资料的总和，馆藏文献收藏越完备，被综合开发利用的机会越多，可能产生的新价值就越大。馆藏文献资源建设，就是依据图书情报机构的服务任务与服务对象以及整个社会的文献情报需求，系统地规划、选择、收集、组织管理文献资源，建立具有特定功能的藏书体系的全过程。每一个图书馆，都依照一定的范围、重点、收藏　定数量和质量的各类型的文献，形成一个相对独立的具有一定结构和规模的馆藏体系。从馆藏文献的规模看，一般将藏书 5 万册以下的图书馆称为图书室，藏书 5 万册至 20 万册的图书馆称为小型馆，藏书 20 万册至 50 万册的图书馆称为中型馆，藏书 50 万册至 100 万册的图书馆称为大型馆，藏书 100 万册至 500 万册的图书馆称为超大型馆，藏书 500 万册以上的图书馆称为特大型馆。不同规模的图书馆，在藏书结构与藏书布局、藏书的组织与管理方法、读者类型与满足读者需求的能力等方面都各具特色。

## （二）馆藏文献的组织是有序的

馆藏文献资源是按照一定的科学方法和技术，组织起来的一个有序化的文献集合，是为公众服务的。为了便于对大量文献的组织、保管、检索、利用，图书馆不但需要按一定的体系布局排列文献并精心保管，而且需要对馆藏文献资源进行分类、著录，建立文献检索系统。

## （三）馆藏文献是经过加工的

文献汇集着人类优秀的精神文化成果，馆藏文献资源是供给广大读者使用的公共资源。为了让尽可能更多更广的读者能够方便地使用馆藏文献资源，图书馆应不断加强文献资源的组织和管理，改进服务手段，完善服务设施。例如，图书进入图书馆后需要进行一系列的加工处理，如加盖馆藏章、打印财产登记号、装贴书袋、粘贴书标、配置各种目采卡片等。通过图书馆员的追加劳动，馆藏文献直接或间接地转化为新的物质财富和精神财富，从而产生巨大的社会效益和经济效益。

因此，只有体系完善、结构合理、管理科学的文献资源体系，才能吸引更多的读者，也才能发挥文献的作用，给人类社会带来更多、更大的效益。

## 二、藏书建设的内容

藏书建设的目标就是要将数量庞大、分散无序的文献，组织成具有特定功能的、有序的文献系统。藏书建设的内容包括藏书体系的规划、图书采访、图书分类、图书编目以及图书典藏等工作。

### （一）藏书体系规划

藏书体系规划是对一段时期内图书馆藏书建设的目标、任务，以及为实现这些目标任务所需的方法、步骤的安排和规定，是建立藏书体系的蓝图和依据，对藏书建设具有指导性作用。

1.藏书体系规划包括宏观规划和微观规划两个方面。

（1）宏观规划，就是从一个系统、一个地区，乃至全国的整体出发，对文献资源建设进行统筹规划、合理布局，制定各图书情报单位之间在文献收集、存储和利用方面的协调规划，从而形成相互依存、相互联系的整体化、综合化的文献资源体系。宏观规划又分为总体规划和长期规划。总体规划，指一个图书馆对本馆文献资源建设的总方向、指导思想、最终目标等所作的构想与规定，解决文献资源建设中根本性、全局性和长远性的大问题。长期规划，通常有三年规划、五年规划等，主要用于确定规划期内文献资源建设的发展目标、任务及实现的途径、结果。

（2）微观规划，就是每一个具体的图书情报单位，根据本馆的性质、任务和读者对象的需要，确定藏书建设的原则、收藏范围、收藏重点和采购标准，并提出本馆藏书形成的基本模式。在此基础上，制定藏书补充计划，安排入藏数量、比例、层次级别，形成有内在联系和特定功能的文献资源结构，建立有重点、有特色的专门化的藏书体系。微观规划在时间上表现为短期规划，包括年度计划、季度计划等，是文献资源建设的具体实施计划。每一个图书馆都要收藏一定学科范围的文献，由于现代文献的种类繁多，且存在各类文献之间的内容交叉、重复现象，为了节约有限的文献购置经费，采访工作须运用藏书结构的理论与方法，确定不同学科、不同类型、不同水平的书刊资料在藏书体系中所占的比例，合理配置文献资源，充分发挥馆藏文献的整体功能。文献采访的依据是详细的藏书发展规划，藏书发展规划的确定要考虑图书馆的类型、方针任务、读者对象、出版情况、原有藏书基础、经费设备条件以及本地区藏书的分布状况等诸多因素。

2.藏书体系规划的制定主要包括如下内容。

（1）按知识内容确定学科或专题分类

现代科学的发展，产生出许多新学科，这就要求图书馆根据需要确定哪些学科或专题作为收藏的对象。而如何确定则主要从出版物的知识内容出发，根据《中国图书馆图书分类法》所列的类目考虑，或参考有关部门编制的"类目表"来进行选择。图书馆确定多少学科或专题，必须从本馆的实际出发。

（2）按科学文化水平确定级别

在图书馆确定了学科或专题以后，继而就要考虑所需要补充的学科或专题文献内容的科学文化水平，即初级水平的、中级水平的，还是高级水平的。因为读者的需求是各种各样的，读者的文化水平也不一样，必须考虑等级水平，来补充不同等级的图书。现在图书馆一般把藏书划分为五个级别。

①甲级（完整的藏书）：努力搜集某专题领域的所有的知识记录，无论其内容的水平、文种、出版类型、著作形式如何，以搜集齐全为准。如一个国家的版本图书馆对本国正式出版物的收藏、地区性公共图书馆对本地和有关本地的出版物的收藏，应该达到甲级水平。一个专业馆，如鲁迅纪念馆对鲁迅和有关鲁迅的出版物的搜集，也应该达到甲级收藏的水平。

②乙级（研究水平）：乙级藏书以满足独立研究的需要为目标。对高等院校来说，要能满足教师、研究生和高年级学生学习和研究的需要。因而必须收集该专业领域中各种不同学派的有代表性的全部著作，包括主要外国文种的著作、论文集、会议录、进展与现状、期刊等。不仅要有现期期刊和新书，也要收集回溯性的基本资料，包括尽可能完整的主要过期期刊、参考工具书和书目资料以及其他有关文献。依据科研单位所定的研究领域、大学招收研究生的专业，其藏书应该达到这个水平。

③丙级（大学水平）：丙级藏书以满足大学生和个人自学大学课程的需要为目标。应当搜集全部基础著作，重要著者所写的全部著作和有关的评论、优秀教科书、参考书、工具书、书目资料、范围比较广泛的基础期刊。针对我国的情况，也应包括经过精选的外文教科书。科研单位的相关领域，大学招生中或准备招生的学科，以及一切打算帮助青年自学达到大学

水平的图书馆,在其有关专业领域的藏书,应该达到这个水平。

④丁级(基础水平):这是经过精选的藏书,以介绍人们认识不同的专业领域为目标,应该搜集公认代表作家的基本著作、基础教科书、参考书、书目资料、代表性的期刊。原则上不收外文书刊。研究单位和大学图书馆,在其可能的有关领域,应该达到既定水平。有关大学生文化修养和开阔视野所需要的书刊资料也属于基础水平。

⑤戊级(备用藏书):这是指藏书范围之外的专题领域,只选少量且基本的著作或工具书,以备不时之需。

(3) 按文种确定比例

在按学科以及学科级别确定藏书体系后,继而就要考虑补充哪些文种的图书,还要确定文种的比例。各馆要根据本馆的具体情况来确定,一般来讲,研究型的图书馆外文书刊的收藏占比较高,在外文书中,英文占比较高,此外,还要考虑哪些文献是收原版的,哪些文献是收影印版的。

(4) 按时间确定

在学科、学科级别、文种确定后,就要考虑收集不同时期出版的书刊资料,要确定哪些时间出版的书刊资料要补充。一般可将图书划分为新书、旧平装书、古籍等。

(5) 按文献类型确定

即确定补充哪些类型的文献,是图书、期刊,还是视听资料、缩微资料等。同时要考虑哪些文献类型是重点收藏,哪些文献类型是一般收藏或暂不收藏。一般来讲,文献采访的范围的确定,需要考虑上述五个方面的内容,并且需要用书面的方式写出来,以保证此项工作的稳定性,以免造成日后无章可循或者受人为因素影响。

(二) 图书采访工作

图书采访,是根据已经确定的藏书建设规划,利用各种途径有计划地选择与收集文献,以建立并充实馆藏的过程。图书采访是藏书建设的一项基础性工作,一般包括图书选择和图书采购两个环节。图书选择就是按照图书馆发展要求和用户需求,从大量的出版物中选择图书馆需要收集的图书的过程。图书收集就是按照一定的技术规则和程序,采购各种出版物的过程。图书的选择与收集,是图书馆文献资源体系的生命力之所在。

(三) 图书分类工作

图书馆的藏书量少则数十万、数百万册,多则数千万册,为将大量的藏书组成排列有序的藏书体系,需要按图书的内容特征进行科学的组织和管理。图书内容特征的揭示方法,有分类标引和主题标引两种。文献分类就是以文献分类法为工具,根据文献所反映的学科知识内容与其他显著属性特征,分门别类地、系统地组织与揭示文献的过程。给文献赋予分类号的过程,叫作分类标引。文献分类标引的目的有两个:一是按学科知识的体系组织分类排架,将大量的图书组织得井然有序;二是建立分类检索系统,便于用户从学科分类角度检索文献。

分类检索的优势是族性检索,具有鸟瞰全局、触类旁通的检索效果。主题标引就是用具体事物、对象和问题的主题名称,来表示文献的知识内容的过程。主题标引的结果,为一个或多个主题词,按主题词字顺序把同一主题的文献加以集中,可以适应人们对事物对象与问题进行"特性检索"的需要。

### (四)图书编目工作

庞大的馆藏文献资源体系必须配置完善的检索工具——馆藏目录,它既有利于图书馆文献的组织和管理,也利于读者对海量馆藏文献的利用。编制馆藏目录的工作称为文献编目工作,包括文献著录和文献标目两个环节。文献著录就是对文献的内容特征和外部特征进行著录,著录的结果是形成书目款目。文献标目就是在文献著录基础上,对用作检索点的著录项目进行规范化控制。为确保编目工作的标准化,文献编目工作要遵循标准化原则。由于馆藏文献是按单线排列的,而且处于流动之中,我们还需要多头组织目录,以更加全面系统、更加广泛深入反映馆藏。因此,按照图书著录标准,建立健全图书馆目录体系,是编目工作的基本内容。

### (五)图书典藏工作

图书典藏的任务是合理地安排藏书布局,完整地保存藏书,根据读者需要及时调整藏书分布,保持藏书处于最佳流动状态。图书典藏通过藏书利用中的效果、统计、评价等信息反馈,控制藏书,调节藏书,影响藏书选择、收集与组织,保证藏书体系与图书馆任务和读者需求相符合。

藏书建设是一项实践性较强的活动,藏书的规划、组织与管理构成了藏书建设的基本内容,它们相互联系、相辅相成,共同构成了一个有机的整体,忽视或削弱其中任何一个方面都是不可取的。因此,加强对藏书建设各个环节的基本理论和基本方法的学习与研究,制定藏书建设工作的规范化模式,对图书馆发展具有重要意义。

## 三、高校复合图书馆藏书建设研究

近年来,大量数字化文献信息进入了高校图书馆馆藏,其标志就是各类文献信息数据库被广泛运用。数字化文献信息以存储密度高、便于远程传输、不受时空限制、存取自由等优势改变了传统印刷型文献一统天下的局面。传统印刷型文献与数字文献信息相结合构成新型的图书馆馆藏,专家们称之为复合图书馆,并认为要长期存在。因此馆藏印刷型文献不可能完全数字化,数字化文献信息也不可能完全覆盖馆藏印刷型文献。这两种类型的文献各有所长,正确处理它们之间的互补性,对在网络环境下构建合理的馆藏体系非常重要,这涉及各类文献信息如何最大限度地被读者利用。

## （一）关于馆藏数字化文献信息使用的调研

1. 以上海财经大学图书馆为例，近几年对数字资源投入较大，到目前为止，馆藏已有数十种中外光盘数据库和网络数据库，粗具规模。其中主要有：

（1）建立的《中国期刊网》一级镜像站点，可检索 5000 多种全文期刊。

（2）配置的美国 UMI 公司的 ABI/INFORM 及其 ATBISABEB 等网上数据库，可检索 3500 多种西方经济管理期刊的文摘索引和其中有多种的全文。

（3）可利用美国 OCLC First Search 联机系统检索 13 个国外数据库，涉及经济管理、人文、教育、法律、工程技术、公共事务等。

（4）中国资讯行数据库、世界银行的全球发展金融数据库和世界发展指标数据库等，可检索世界和中国的各种社会经济统计数据。

（5）购置超星电子图书全文数据库等。

这些电子资源基本上覆盖了该校主要学科和专业所需求的中外文期刊和统计资料，也就是说可以替代馆藏相当多的印刷型的中外文期刊。但是超星电子图书全文数据库可检索的经济管理图书不过就 8000 多册，且时效性也慢，对馆藏印刷型图书覆盖面比较小，仅对年鉴类图书替代性比较好。

2. 学校各类用户对数字资源的利用如何呢？

（1）和传统的馆藏评价一样，馆藏利用率是一个重要的评价指标。在进行馆藏利用率统计时，应该把上网的读者人数统计在内，如图书馆的网页被点击的次数，各类数据库登录的人次等。图书馆这方面的统计工作还不健全，多个西方经济管理数据库 2002 年 1 月至 2003 年 11 月利用数据的情况，点击数 226217 次，查看文摘 8805 次，查看全文 27195 次。按照教师研究生 3000 人计算，每人 23 个月仅检索文摘和全文 12 次。

（2）某高校图书馆的用户调查情况：2003 年 10 月向教师、研究生、本科生进行问卷调查，183 名读者对馆藏数字资源了解的有 27 人，占调查总人数的 15%；一般了解的有 103 人，占调查总人数的 57%；不了解的有 50 人，占调查总人数的 28%。由此可见数字资源利用率相当低，读者熟悉和利用数字文献的能力有待进一步提高，这方面的用户教育有待进一步加强。实际上该馆近几年结合 211 工程建设对馆藏数字资源投入相当大，2 年图书经费达 320.38 万元，其中用于数据库建设的有 101 万元，占 31.6%。

## （二）关于馆藏印刷型文献利用的调研

1. 文献利用率统计分析。文献利用率是文献流通数与馆藏文献总数的比率，以某馆为例，2002 年中文印刷型图书 61.9 万册，以入馆 2 年读者借阅复印的统计数据进行分析。总馆中文流通库出借图书 8.83 万册，分馆中文书库出借图书 3.18 万册，中文阅览室复印图书 1591 册，样本库复印 548 册，分馆阅览室复印 2585 册共计 12.48 万册。人们曾经做过调研，认为在我国大多数高校图书馆，藏书利用率仅达到 30%～40%，而此馆藏书利用率仅 20.2%，是属于比较低的。

2. 读者调查统计分析。以某高校图书馆为例，在 2003 年 10 月向教师研究生本科生发放馆藏征求意见表进行问卷调查，回收 183 张，结果如下：你认为我馆馆藏图书文献质量如何？"好" 6 人，占 3%；"较好" 57 人，占 31%；"一般" 100 人，占 55%；"差" 19 人，占 10%；1 人弃权。读者调查与文献利用率，都客观说明了馆藏图书的数量和质量还存在一些问题。主要原因在于近几年印刷型图书投入较少，如 2002 年中文图书经费是 54.80 万元，占总经费 17.1%。由于投入少，又要"保品种，压副本"，致使新书入库，尤其是进入流通库更少，读者对此颇多抱怨。

借书难，尤其是借新书难，在其他高校图书馆也存在不同程度的问题。究其原因，主要就是近年来在高校图书馆界建设数字图书馆的热潮方兴未艾，数字资源的优越性被片面地夸大，似乎建了数字图书馆，传统的印刷型文献可有可无了，而事实并非如此。

### （三）复合型图书馆馆藏结构调整策略

在复合型图书馆建设中，构建高校图书馆的馆藏体系的标准是什么？文献采购经费如何合理分配？我们认为，馆藏体系建设应该最大限度满足读者对文献信息的需求。文献经费的分配应根据各类型文献信息的利用情况来决定，一般来说，文献利用率是读者对馆藏文献的筛选结果，也是对馆藏文献的评价，是面向"市场"的文献资源合理配置的依据，符合"投入产出"的市场原则。

1. 印刷型文献尤其是印刷型中文图书仍然是目前图书馆馆藏建设的重点

印刷型文献曾经是高校图书馆馆藏资源的全部，随着数字、声像、缩微等文献的出现，其馆藏比例不断下降，这是馆藏自然性调整的必然结果。但是，各种类型的文献信息如何有机结合？这有一个在实践中不断摸索的过程，我们经过数量统计和读者调查认为，目前高校图书馆印刷型中文图书需求量仍然相当大，而且供不应求，一方面说明印刷型中文图书投入不够、数字文献对其覆盖面较小；另一方面与图书馆长期"保品种、压复本"的采访策略也有关系。我们要改变采访策略，对一些使用量比较大的教学基础参考书、学科专业核心用书（国家级专业出版社和高等院校出版社出版的或由院系知名专家教授确认的书）、经济管理名著和获奖专著等加大复本量进入流通，将印刷型图书作为当前馆藏建设的"重中之重"。

2. 从"舍书保刊"转为适当"舍刊保书"

过去，由于经费困扰，图书馆长期采取的采访策略是"舍书保刊"，中外文期刊的经费一直占有很高比重。通过调研，我们发现近年来电子期刊发展较为成熟，升级换代迅速，从书目型文摘到全文图像，并在网上发行。馆藏配置的一些中外经济期刊数据库和事实数据型的数据库，基本上覆盖了所有订购的印刷型中外文专业期刊，因此，可以考虑调整"舍书保刊"的策略,能在网络数据库中检索的就不一定要全部订购,停止订购一部分利用率低的期刊,尤其是少人问津的外文期刊,事实上相当一部分外文期刊利用率比较低。期刊尤其是外文期刊究竟调整到多少种?减去哪种期刊?这要在进行调查研究后才能确定,但原则已确定,60种经济管理学科核心期刊,法学理学、人文学科各10种核心期刊,另外10种为专业特色期刊。将节省的经费,投入到读者目前最需求的印刷型图书中去。

3. 数字化图书馆建设的策略要更加理性稳妥

数字资源进入馆藏,要使图书馆的功能及其服务手段更为先进。建设数字图书馆是我们关注和重视的工作,对数字文献建设要采取积极的态度,且要更加理性、稳妥。

(1) 就目前引进和配置的电子期刊数据库、事实数据型数据库及其学位论文数据库、专利数据库等,由于其数据量大、检索方便快捷、更新周期短,且覆盖了学校经济管理各专业,对相应的印刷型文献替代程度较大。因此,对上述类型的数据库购置的力度要降下来,将来有新的产品,对其数字资源的内容、方式、类型、层级和价格的选择要慎重、反复比较。要把一些工作的重点转向对用户的教育与培训上,以提高上述数据库的使用效率。

(2) 我们在加强馆藏中文印刷型图书建设的同时,更要关注市场上数字图书的产品,因为只要解决有关技术和版权问题,数字图书便可更好地发展起来。例如,购置方正 Apabi 电子图书全文数据库,尽管数据库文献总量不多,但内容新,大多是学校的学科专业用书。

4. 图书馆藏书建设要紧密围绕学校发展的总体目标

图书馆藏书建设一直是图书馆最重要的基础工作。过去,高校的学科和专业设置往往长期不变,学校教育的重点是知识的传授与学习,馆藏建设更多的是强调根据教学和科研的需要,因此较为稳定。今天,高校提倡的是素质教育的新理念。学校的发展涉及学校的定位、体制完善、学科建设以及师资队伍建设等各方面。本科生、研究生招生规模扩大,专业学科点不断增长,使馆藏文献的数量、学科内容一直处于不断变动调整之中,而且随着科学技术的发展和信息环境的变化以及采访工作越来越市场化,使得图书馆藏书工作的内容越来越复杂,馆藏控制的难度越来越大。因此,图书馆藏书建设一定要紧密围绕学校发展的总目标。具体来说:

(1) 在文献数量上,尤其是印刷型图书的数量要随着本科生、研究生的数量增长而增加,达到藏书保障率和年更新率,保证读者教学科研的基本用书。

(2) 以学校学科建设来构建馆藏文献学科范围。按照学校的博士点、硕士点,再参照本科专业开设的有关课程内容,来划分馆藏学科专题并建立采访数据库。然后,视重点学科、一般学科以及学校力求发展的新兴学科等确立藏书发展规划。特别要指出,学科建设是根据学校发展目标而进行的,有些专业设置还视市场需求变动,因而动态性较大,并深刻影响着馆藏建设。因此,图书馆在馆藏建设时一定要时刻关注学校学科发展的动态。

# 第四节　图书馆藏书建设的基本原则

## 一、馆藏建设的原则

图书馆作为社会文化教育机构和文献信息中心，其立身之本是馆藏。馆藏是一个图书馆开展各项服务工作的基础和前提，没有高质量的馆藏，优质服务只能是无源之水，必将难以为继。然而，馆藏建设是一个长期的积累过程，不可能一蹴而就，这就要求我们应有一个明确的发展思路，并以此来规划藏书建设，确定藏书发展目标，一步一步地朝着既定的方向前进。图书馆必须明确自己的方针和任务，明确自己的服务对象，建设具有地方特色的藏书体系，以最大限度满足本地区读者的信息需求，为本地区科研、生产活动服务。坚持实用性原则，积极开展图书馆之间的协作和资源共享，不断建设、开发与本地社会政治、经济和文化紧密相关的文献资源，才能更好地服务于当地社会，充分发挥自己的功能和作用，促进图书馆事业的发展。

第一，要科学地进行馆藏建设，首先要对读者需求有充分了解。只有了解大众读者的阅读需求，才有可能提高图书馆馆藏建设的科学性与图书馆服务的"针对性、目的性和有效性"，了解大众读者的阅读需求及阅读习惯，对于确立新时期图书馆的功能和馆藏建设目标意义重大。通过调查我们了解到读者借阅最多的是文学类图书，其次是综合类图书，再次是工业技术类图书；此外，历史、地理类图书也是读者平时借阅较多的图书。我们发现读者阅读的范围越来越趋向于多元化，随着高科技产业的快速发展，社会对以IT人才为代表的科技人才的需求量有所提高，社会需求的变化反映在读者的阅读范围上，便是越来越多的人开始对以计算机类图书为代表的工业技术类图书感兴趣。文学类图书的需求量是最大的，以计算机类图书为代表的工业技术类图书的需求量较大，文化、科学、教育、体育类图书存在着供不应求的情况，综合类图书的品种和数量有待进一步增长。

第二，公共图书馆的馆藏应突出知识性和艺术性，兼顾趣味性和实用性。公共图书馆应本着"以人为本"的原则，具体来说，就是以读者为本。读者在公共图书馆借阅、阅读的主要目的，首先是为了"提高个人知识和涵养"，其次是为了"休闲或消遣"，再次是为了"工作需要"。为了满足公共图书馆读者"提高个人知识和涵养"的主要阅读需求，馆藏应突出知识性和艺术性，充分发挥公共图书馆的传递知识信息和教育的社会功能；为了满足公共图书馆读者"休闲或消遣"的需要，馆藏应突出艺术性并兼顾趣味性，充分发挥公共图书馆的休闲功能；为了满足读者的"工作需要"，馆藏应兼顾实用性，充分发挥其传递科学信息的功能。

第三，从馆藏策略来看，要反映知识更新和社会需求的变化。社会在不断发展，人们的精神文化生活需要也在不断发生变化,作为大众文化传播的载体,公共图书馆的馆藏一定要反映知识更新和社会需要的变化。近几年来,高科技产业有较大发展,相应地,社会对高科技人才的需求也大大增加。为了适应社会对高科技人才的需要,人们不得不阅读大量与高科技有关的图书,如计算机类的图书、机械设计与制造类的图书。与此同时,随着中国对外开放程度的不断提高,掌握外语对于人们能否在社会竞争中处于优势地位具有重要的作用,因此,以外语教育、外语应试为代表的教育类图书,在大众读者中的需求量也呈现出上升的趋势。

第四,从馆藏内容来看,公共图书馆的馆藏应以文学类、工业技术类、综合类图书为重点。情报学家 Kane 曾经指出:将来的图书馆应根据"二八定律",将利用率高的核心文献收藏进馆,这些20%的藏书能够满足80%读者的需要,其余利用率不太高的文献可用馆际互借或电子信息源(包括 CD-ROM 产品、网上资源、全文数据服务等)获取。从读者的阅读范围和阅读兴趣来看,文学类、工业技术类和综合类图书的借阅比例高达 50.8%,足以说明这三类图书的利用率是最高的。从读者的阅读需求来看,尽管公共图书馆的文学类图书馆藏相对丰富,读者仍然认为它最缺的是文学类图书,另外有相当一部分读者认为图书馆最缺的是工业技术类图书。此外,文化、科学、教育、体育类图书和综合类图书均存在供不应求的情况。由此可见,从馆藏内容来看,公共图书馆的馆藏应以文学类、工业技术类、综合类图书为重点。

第五,从馆藏管理来看,要及时了解图书出版信息,加快馆藏书目的更新速度。综合一些调查结果表明,馆藏更新太慢是当前公共图书馆的主要问题之一。这使得图书馆无法及时满足读者获取最新知识的需求,因而也无法为读者提供高质量的服务。

第六,要追求资源建设与使用之间的均衡。从市场的角度来看,读者消费馆藏资源,图书馆提供馆藏资源,两者通过效用达到均衡。图书馆和出版商(或书商)构成图书馆的外部市场,出版商提供资源,图书馆对资源的消费是引致需求,二者的均衡由图书馆资源配置经费和资源的价格决定。图书馆资源配置经费是由财政拨款,年经费是总量控制,如何在有限的经费范围内合理地配置馆藏资源,实现读者效用的最大化和图书馆馆藏资源的有效供给是图书馆采访工作的研究课题。

### (一)需要优先原则

包括三个方面的含义(以国家开放大学为例):

一是馆舍条件的需要原则:广东、江苏和云南的5所省级开放大学中,均有高职学院,故在图书馆馆舍面积、实书馆藏量与年购新书量方面,基础明显较厚。国家开放大学虽没有直属学院,图书馆服务对象仅为教师,但作为开放大学窗口,其馆舍与馆藏量仍较大。同时,国家开放大学的图书馆新馆采用一体化布局,将图书阅览、上网浏览、学者研修融为一体,并有咖啡、茶水等供应,为教师来馆查阅资料等提供了良好的保障条件。上海开放大学、北京开放大学的图书馆则均面临书库饱和、设施陈旧等多种问题，无法容纳更多的实体书刊资料，也因条件过于简陋较难吸引读者到馆阅读。

二是馆藏类型的需要原则：须优先满足学校开放本科等新专业设置的需求。如上海开放大学新建了三个开放本科新专业，因学校原有计算机技术专业，相应的有关机械电子工程与软件工程专业的专业书刊有一定的基础，而对于城市公共安全专业，则原来仅有管理方面的馆藏，在公共安全方面基础较薄弱，在各种新专业的馆藏资源方面基础均薄弱甚至为零。北京开放大学与国家开放大学首批7个与19个新专业建设，也都大体面临同样的问题。因此，在馆舍面积与馆藏数量受限的前提下，必须优先保障新专业所需馆藏。

三是馆藏数量的需要原则：在可能的前提下，尽力扩大馆藏。如继续采取单复本的采访策略，尽量使用最少的资金、占用最少的馆舍，以建设最大的馆藏量。

### （二）方便使用原则

借鉴国内外图书馆建设与服务经验，图书馆应以人为本，以方便读者为准则，馆舍宜采用大开间、一体化设计，融借阅、上网、打印、复印，以及个性化研究、小组化学习于一体。此外，针对残障人士的需求，图书馆也应有更人性化的考虑。

### （三）文化功能原则

图书馆须注重环境的美观，除提供基本的学习、研究条件外，还可开辟专门的视频音频欣赏区、大片展映区等，可提供沙发、茶点等，让图书馆的文化功能发挥得更充分，让学习者能在此修身养性，获得更多的愉悦与享受。

### （四）赠送制度原则

图书馆应建立赠送或接受捐赠的相关制度。比如学校图书馆，学校将自行出版的书刊，赠送给图书馆一套，图书馆设专架陈列，供师生查阅，不做外借。这样一方面可以充实图书馆馆藏，另一方面也可作为展示学校形象的一个窗口。同时，图书馆应积极与其他相关出版社、书商、高校等联系，接受图书捐赠。

## 二、藏书建设的基本原则

藏书建设是一个由若干环节构成的系统工程，在藏书过程中，必须坚持实用性和标准化两大基本原则。

### （一）实用性原则

实用性原则，是指从图书馆实际需要出发，是藏书建设的基本原则。最大限度地满足读者的文献需求，是图书馆服务的根本宗旨，因此从文献的选择采购到组织管理必须坚持实用性原则。实用性原则主要体现在，图书馆应根据本馆的社会职能、服务对象和服务任务，确定本馆文献收藏的范围、重点、特色、结构，选择文献采访、组织、管理的形式和方法。

从图书采访角度看，国家图书馆的主要任务是为中央和全国的政治、经济、科学和文化服务，要全面收集、保存各学科有价值的国内文献；有重点、有选择地采集国外文献；收藏文献的类型、类别、文种等方面做到广度与深度的结合、重点与全面的结合。各级公共图书馆是为地方经济、文化、科学发展服务的，全面入藏综合性、通用性的文献、资料，系统收藏具有地方特点的文献。高等学校图书馆的主要任务是为教学和科学研究服务，要系统收集有关专业的教材和教学参考书，重点入藏与学校科研任务有关的文献资料，广泛而有选择地入藏各种课外读物。科学专业图书馆的主要任务是，为科学研究服务要紧密结合本系统、本单位的研究方向和研究任务，完整系统地收集本专业的国内外文献，有重点地收集相关学科的文献，有选择地收集其他学科的文献。从图书的组织与管理角度看，图书的分类、编目、排架等工作的组织和开展，必须坚持实用性原则，即一切为了读者。例如，图书分类排架的最终目的是用户检索，因此在图书分类排架时要考虑馆藏结构特点和用户检索习惯，合理确定排架类目级别。如果分类级别太粗，大量的同类文献聚集在一起，用户查找困难，失去了分类排架的意义；相反，类目级别太细，则会大大增加馆员的图书排架的工作量，因此，文献资源建设应坚持一切从实际出发，具体问题具体分析。

### （二）标准化原则

藏书建设标准化，具体体现为文献采访、分类与主题标引、编目、典藏等各个操作环节的标准化、规范化。现代信息技术的迅速发展和普遍应用，极大地改变了图书馆藏书建设的工作模式，推动着文献资源建设走共建共享的发展道路。1999年由国家图书馆召集的全国文献信息资源共建共享会议，会上来自全国的124家图书情报单位共同签署了《全国文献信息资源共建共享倡议书》和《全国图书馆馆际互借公约》，提出建立各具特色的馆藏体系，实行分工购藏、协调外文书刊文献的订购、实施全国网上联合编目、合作开发数字化资源、充分利用网络开展服务、加强并完善馆际互借、扩大业务交流和培训等七方面的共建共享内容。这不仅要求图书馆在文献资源采购方面保持协调统一，还要求文献资源各个加工环节实现标准化、规范化的组织与管理。例如，网络文献采访的兴起突破了时间和空间的限制，使大范围的联合采购成为可能；图书馆自动化系统的发展和对标准化机读目录格式的支持，推动了联合编目和集中编目的发展，很多中小型图书馆的文献编目工作已经转向从大型编目中心直接套录数据，既提高了工作效率，又保证了编目质量；数字图书馆的发展，加快了检索速度，扩大了文献资源的检索范围，使跨馆、跨部门、跨系统、跨地区、跨国界的文献检索成为可能。总之，图书馆事业整体化、自动化的发展趋势，对文献资源建设的标准化提出了更高的要求。

标准化原则是藏书建设科学、合理、发展的重要保障，是图书馆文献资源建设发展的必然结果。总之,在藏书建设的过程中,只有坚持实用性和标准化相结合的原则,才能建立起科学合理的文献资源体系。

## 三、馆藏建设的方法分析

近年来,图书市场空前繁荣,图书出版、发行体制改革不断深入,使得图书采购渠道不断扩大,同时,计算机网络技术的应用,使得图书购入方式出现了多种模式从传统的书目预订到后来的现书选购,发展到今天的网上书店,以及书店主动配送图书等。这些新的变化,为图书馆的图书采购工作提供了更多的选择。面对这种形势,图书馆采访人员都在探讨并学习、借鉴其他馆在图书采购方面的先进经验,力求改进和优化本馆的图书采购方法,以使有限的购书经费和图书馆人力资源取得最大的效益。

### (一) 书目预订

书目预订的方式,是印制型文献采购的主要方式,它是指通过出版、发行部门的目录征订直至到货的过程,采购对象主要是印刷型出版物。其特点是,看着书目圈选,没有实物。这种订购方法要经过的程序有:采访人员以全国性的《社科新书目》和《科技新书目》及各地出版社发行的征订新书目为依据,根据本馆的需求情况、馆藏现状及经费使用情况挑选出相应的图书,由输入人员根据所选图书的书目信息进行查重并输入相关数据,订购人员根据最后订购的图书,书面填写订单并寄给书商,书商将订单分送给出版社,各出版社将书发到书商,书商再把书送到图书馆,由图书馆采编部人员进行验收工作。这是我国图书馆界在20世纪八九十年代所普遍采用的购书方式。这种采购方式的弊端是环节多、周期长、采选图书不全面、工作量大,越来越多的图书馆放弃了这种采购方式,而尝试和选择其他购书途径。

### (二) 现书直购

现书直购的普遍方式,是图书馆组织购书人员参加各种规模的图书博览会或者是赴图书批销中心、书店选书。其采购对象多数是图书、非数字化音像制品、CD等,其特点是看样订货。到现场采选图书,各个图书馆的做法也不尽相同,有的是采编人员不定期到书店选一些图书,书店将选中的图书配齐、打包,送到图书馆;有的是参加全国每年一次的书市,了解图书市场信息,接触更多的出版社,选购一些新版图书。如平顶山学院图书馆在直购方面常常是根据馆藏和学科发展需要,确定本次购书方向,然后联系相关系室,系室各推荐1名学科带头人或专业骨干,同图书馆采编人员一起组成3~5人的专家采购小组,到各大书店或图书批销中心进行采购。这样采购的好处是在短时间内采集了大量图书,满足了馆藏和学科发展的需求,而且是到馆速度较快的一种方法;其弊病是系室购书人员不了解馆藏,即便有采编人员在场也难以避免重复购买的现象发生。

### （三）网上采购

随着信息技术、通信技术和网络技术的发展，各书店、出版社纷纷建立起自己的网站，于是就出现了网上书店。网上书店的兴起给图书馆采购工作增添了新的活力，许多图书馆已把网上采购图书工作提上了日程。网上书店的书刊有网络版和非网络版之分，文献类型各异，既可以采购网络出版物，即在线文献，也可以采购传统的印刷出版物，非数字化音像制品、CD软件等。这样采购的特点是快捷方便、信息量大；其采购流程为：采访人员利用联机计算机下载、查阅、检索网上的书目文献信息，并根据自己的需要，在网上完成收集、整理、订购、支付的过程；其好处是：减少了中间环节，节省了时间，有利于书店与图书馆文献采访人员的直接沟通，方便快捷。网上书店的出现，为图书馆提供了现代化的采购方法，工作人员足不出户就可以知道所需图书的全貌，但由于我国电子商务经销还很不成熟，信用制度不尽完善，有的网上书店不能提供标准的中国机读目录（Machine-Readable Cataloging，CNMARC）格式的数据，另外书款支付与文献配送体系还有待健全，因此，大多数图书馆还没有真正地在网上采购，而是在关注其发展动向。

### （四）书店配送

书店主动配送图书，其方法是：图书馆专设一间大的新书阅览室，书店配送的样书无须盖章和分类加工，直接在该阅览室按大类上架、阅览，但不外借。为了保护图书，书店工作人员在每本样书上套上塑料书皮，书皮上插有用于读者签名的白纸，一是保护图书，二是让读者阅览后签名留言。一段时间后，工作人员根据留言，把读者喜欢阅读的有价值的图书留下，由书店配齐复本，不需要的由书店带走或者留下继续阅览。这种采购方法，无论对图书馆还是对书店来说都是有益的。

### （五）直接到出版社购书

图书馆根据自身的实际情况，选择与本馆采访方向一致的出版社，与出版社直接建立采购联系，及时准确地购进所需图书，而出版社在第一时间向图书馆提供完整的图书信息与Marc编目数据，以满足图书馆采购需求的一种图书采访供需模式。与出版社合作的优点是，专业性、系统性更强，选择出版社作为图书馆的合作伙伴，可以采取多渠道、全方位购书，加强了专业图书采访到货的完整性、系统性。由于摆脱了中间书商这个环节，图书折扣率更低，节约图书经费，减少中间环节，缩短图书到馆周期，由于各图书馆的人力有限，不适宜与众多出版社合作，图书馆应选择与收藏重点密切相关的几家出版社作为合作伙伴。

## 第五节　目前图书馆藏书建设弊端及发展

### 一、概念解释

藏书：包括纸质书和电子书。

藏书的质量：指的是正规或权威出版社出版的，作者有一定的权威或丰富的经验，保证藏书的内容是权威的。

藏书的时效性：指的是藏书是最新的或比较新的（出版日期），主要针对期刊以及内容变化比较频繁的图书。

藏书的有效性：指的是藏书一定有它广泛的读者群，不能为了藏书而藏书，如果没有读者群的藏书就没有有效性。

藏书的评估系统：指的是藏书被读者借阅情况的统计和筛选数据，并形成评估报告指导图书馆藏书的采购，形成图书馆采购的良性循环。

在讨论如何提高大学图书馆藏书建设之前，有必要对目前大学图书馆藏书建设中存在的一些弊端进行分析，这样才能更有针对性地提出改进的建议。

## 二、目前图书馆藏书建设的三个弊端

现在高校图书馆很少把藏书建设作为一个非常重要的课题进行讨论和改进，许多图书馆一直是沿用传统的采购方式更新和丰富自己的藏书，主要存在以下三个弊端。

（一）图书采购程序缺乏创新

采购方法是一直延续下来的，图书采购局限难以保证藏书的有效性。许多图书馆书架上的书数量不少，但许多书几年后还是崭新如初，因为根本就没有人去看。

（二）难以满足图书的时效性

随着市场经济和出版行业的发展，图书的更新非常快，而许多高校图书馆还是沿用以前定期采购图书的做法，难以满足藏书的时效性，许多已经被学生认为过时的图书还摆在书架上，而学生需要的最新图书却没有。

（三）图书馆缺少藏书使用情况的评估系统

缺少藏书使用情况的评估系统，会造成馆藏图书的采购缺乏有效的指导，还会降低藏书的使用质量和造成一定的资源浪费。

上述三个弊端，从根本上难以保证图书的有效性和时效性。如果高校图书馆不采用科学的藏书使用评估系统，必然迫使自己处于两难境地，一方面表现为学生对图书馆藏书的抱怨和不满，另一方面是由此造成学校对图书馆的重视不够，无形之中使得图书馆的发展陷于恶性循环之中。

21世纪的高校图书馆的使命发生了很大的变化，我们可以发现一个现象，越是知名度高的大学，图书馆的建设越是先进和科学，图书馆的建设已经成为衡量一所学校办学水平高低的评估标准。以社会书店的发展状况为例，以前国内的书店都是新华书店，其特点是标准的大而全,我卖什么,读者就只能买什么,典型的卖方市场。随着市场经济的发展和图书市场的放开,现在书店是百花齐放,但大而全的书店越来越少,取而代之的是各种特色书店,而这些特色书店之所以受欢迎是因为满足了特定消费群体的需求,比如现在市场上生意非常好的考试书店、经营管理类书店以及前几年很火的计算机类书店等。

社会书店的改变是市场竞争的需要,更主要的是读者群体的细分需要。只有最大化地满足读者的需求,书店在市场竞争中才能立于不败之地,也就是说书店的图书采购要有自己的原则,不能盲目采购,而高校图书馆的藏书采购也应该有自己的采购原则,才能更好地满足广大师生的需求。

## 三、藏书采购遵循的四个原则

高校图书馆藏书建设一定要逐步走"市场化"的道路,根据自己学校的特点、学生将来就业的特点以及社会对人才的需求趋势来制定自己的藏书计划,这个计划需要遵循以下四个原则:

第一,强化教学辅助类专业图书的建设,最大化地满足学校教学的需要、满足学生巩固课堂知识的需要。这部分藏书可以通过教师推荐以及权威出版社的订货会可以完成。

第二,完善励志和益智类等图书的建设,帮助学生树立正确的人生观和世界观,陶冶学生的情操,让学生在步入社会前形成良好的思想意识,做对社会有用的人,比如人物传记类、先进人物报告文学、成功学等。

第三,根据社会对人才或行业的需求趋势采购社会类的藏书,帮助学生尽快和社会需求接轨,拓宽学生的知识面,培养学生的兴趣点,指导学生的发展方向,掌握必要的技能,最终提高学生进入社会的竞争力,比如目前热门的金融类图书和经营管理类图书等。

第四,建立馆藏图书使用情况评估系统,定期对馆藏图书的借阅情况进行数据筛选和统计,最终形成报告,给图书馆领导和采购人员提供参考,这样就会形成图书采购的良性循环,而不是靠经验和拍脑门。这个系统建设得好,一定会极大地提高图书馆的藏书质量和有效性。

遵循藏书采购四个原则,从根本上保证了图书馆藏书的有效性,但如何才能真正克服图书馆藏书建设的三个弊端对藏书建设的影响,这就需要我们在藏书采购四个原则的指导下,采用更灵活和更有效的采购手段来保障。

## 四、藏书采购的五个手段

要实现上面的藏书计划,必须采取相应的手段才能实现,而核心是图书馆藏书采购建立在藏书使用评估系统产生的数据基础上形成采购目录,然后在资金使用上有阶段计划,既有规模采购,也有定期的阶段采购,资金使用灵活。具体手段如下:

第一,内部采购目录的形成:在藏书使用评估系统形成的报告指导下,结合图书馆的采

购计划,形成内部采购目录。

第二,规模采购:比如图书订货会等,但资金使用一定要适度。

第三,市场调研采购:市场调研主要是图书馆应该定期安排人员到当地书店去调查,看看哪些书籍销售较好,哪些书籍是新版,及时对图书馆的藏书进行相应的更新。

第四,教师推荐采购:教师的教学经验非常丰富,可根据学校的教学计划以及学生的兴趣点提出藏书采购建议,更好地满足教学的需要。

第五,和学生互动采购:因为光靠老师和图书馆人员的力量有限,应该建立起学期学生图书采购调查制度,每学期针对学生开展一次图书采购调查和推荐活动,并在图书馆设立藏书推荐箱,把学生群体发动起来,提供书籍的信息,平时学生也可以把自己认为好的书目投递到推荐箱,由图书馆工作人员进行汇总和分析后提供给采购人员进行参考。

图书馆的藏书建设是一个持续的系统工程,大量的图书要占用很大的空间资源,而如何保证藏书的有效性,最大化地提高有限空间资源的利用率,就需要对藏书进行评估和淘汰。

## 五、依托藏书评估系统,定期评估,末位淘汰

图书馆藏书建设要依托藏书评估系统,定期地对馆藏图书进行使用率的评估,对阅读率非常低的书籍应该考虑末位淘汰,提高藏书的有效性。

建设图书馆藏书使用评估系统是提高藏书建设的关键点,评估系统是一个系统性工程。一个系统性的工程,需要领导的足够重视,而且要整合图书馆的各种资源。如编目流通技术等部门紧密配合,可以在现有系统的基础上增加一个筛选和统计软件系统,对藏书进行分类、借阅数据采集、自动筛选和统计,最后形成评估报告。

评估系统的设计和运行要注意以下几个方面:

第一,图书馆领导要重视。只有领导认识到藏书使用评估系统对图书馆合理利用、购书经费提高、藏书的质量和有效性的参考指导作用,这个系统才能建设成功图书馆的建设才能更上一层楼。

第二,以技术部门为系统设计核心成立系统建设小组,对目前系统进行分析探讨改进技术的可行性,并设计出评估系统的软件。

第三,建议评估系统的软件设计要涵盖较为全面的数据筛选和统计指标。

第四,系统建设成功以后,需要专门的人员负责系统的运行和数据的采集分析,根据实际情况对系统试运行阶段进行完善,直到系统正常运行。

## 六、图书馆的核心资源就是藏书

如何把藏书建设搞好,让大学生能看到质量好的、时效性强的、有效性强的图书,是高

校图书馆的使命，而要做到这一点，需要从图书馆的管理理念上进行改进，避免以前靠经验采购图书的弊端，利用藏书使用评估系统和每学期针对学生、老师的藏书调查结果分析作为图书馆采购图书的参考指导，只有通过不断改进和积累藏书建设，才会极大地拉近学生和图书馆的距离，真正让图书馆成为学生学习、拓宽视野、了解社会的场所，学生的良好口碑必然会加强学校对图书馆的重视，给图书馆的建设营造一个良好的环境，图书馆的建设也必然不断迈上新台阶。

## 七、网络环境下的图书馆藏书建设

一个全球范围内的庞大的网络信息资源已展现在世人面前，网络化为我们提供了一个不受时间空间限制的非馆藏资源的有利条件。身处信息革命浪潮中的学校图书馆，面临以印刷出版物为主导的馆藏，向以数字化信息为主导的馆藏资源转变的重大变革。因此，院校图书馆必须结合本馆实际，制定新的馆藏条例，调查馆藏结构，改变馆藏策略。

和传统的图书馆比较，现代图书馆在藏书建设、读者服务、组织管理等方面都发生了显著变化，尤其在藏书建设方面的变化更为显著。现代图书馆信息来源广泛，馆藏资源不仅包括本馆的印刷型文献信息和电子文献信息资源，还包括通过网络信息技术获得的虚拟网络信息资源。藏书模式具有较强的共享性、透明性，表现出馆藏所有权与使用权的分离性等，因而笔者建议网络环境下的馆藏建设要充分体现信息资源的合理配置和完善的技术手段，稳定协调地发展，在结构、类型、载体以及获取资源的方式和手段上形成自己的特色。

### （一）制定新的馆藏条例

图书馆目前的环境正发生较大的变化，出版物众多，价格飞涨，情报信息迅猛发展，图书馆要逐步迈入计算机、网络时代。面对越来越多的电子信息资源，要根据自己的馆藏特点制定出新的文献选择标准。以往的馆藏条例历史是将印刷型文献作为图书馆的收藏重点，而随着科学技术的飞速发展，电子出版物、光盘、磁盘等信息载体的出现，图书馆的收藏标准也发生变化，印刷型文献资料与网上文献和其他电子出版物并存。

### （二）调整馆藏结构

印刷型文献载体，作为传统图书馆收藏的主要文献信息载体，在历史上曾决定了图书馆的使命、服务方式、组织结构。但在网络环境下，衡量图书馆优劣的标准已发生改变。它不是以收藏的范围及数量的多少为标准，而是以为读者提供信息资源的数量及质量为标准。

在读者利用馆藏形式多样化、信息需求多样化、信息资源与获取形式多样化的今天，馆藏资源内容已不仅是印刷型文献、缩微资料、视听资料等，还有各种电子出版物、电子信息资料，还有与各种商业性电子文献传递中心联机信息检索的系统以及因特网等各级网络连接，将本不属于自己的馆藏资源，通过网络提供给读者，扩大图书馆馆藏范围，增强图书馆信息服务能力。

（三）藏书策略转变

近几年，高校图书馆的现代化进程较快。这些馆已基本上实现计算机集成化管理，大多数已建成本馆资源的书目数据库，已购置一定数量的光盘数据库，建成了校园网，并和国内主干网联网，上网比较方便。而一些中小馆能与其联网，图书馆之间地域界限将不复存在，这将使中小型图书馆的藏书策略发生重大转变。

1. 彻底转变藏书观念

传统图书馆存在"有限馆藏与无限需求的矛盾"，为了尽量满足读者的借阅需求，要收藏大量利用率低的文献，以备读者的不时之需，以此来提高对读者的文献满足率。在网络环境下读者的无限需求可靠全球范围内的文献来满足，因此馆藏的多少已不重要，关键是通过现代科技手段及时把文献"借"到手。

2. 对期刊侧重收藏

中小型图书馆在经典匮乏的窘境下，一般采取弃书保刊的方式。中小型专业馆读者专业较强，在某一学科领域，专业核心期刊的数量不是很多。这些期刊是本馆的核心期刊，应重点收藏，虽少而精但系统完整，形成馆藏特色。传统藏书模式中相关期刊的数量大，而阅读率低，有网络环境的支持，中专馆可以放下包袱，轻装上阵。

3. 对图书侧重拥有

虽然期刊能及时反映科技发展，但期刊论文毕竟多涉及"点"，很难反映"面"，而图书馆则须纵观某一学科领域的当代水平全貌。因此，在舍书保刊的策略下，放宽对专业图书馆的收藏，拥有本专业的权威著作及相关专业的图书。

4. 建立本专业的虚拟图书馆

众所周知，网上的信息资源虽然丰富，但地域分散、组织松散、数据类型多、随机变化大，给查找和利用带来困难。在网络环境下，图书馆的一个重要任务是建立本馆的虚拟馆藏，按照方便读者检索的原则，用读者熟悉的语言组织起来，直到读者的特定网址获取所需信息，使之成为本馆读者的虚拟图书馆。

总之，网络技术的发展对图书馆的藏书结构产生了很大影响，中小型图书馆必须及时调整馆藏结构，转变藏书建设策略，轻装上阵，向现代化图书馆迈进。

# 第四章 信息资源的管理

## 第一节 信息资源与大数据

### 一、信息资源整合概述

信息资源是指,可供利用并产生效益,与社会生产和生活有关的各种文字、数字音像、图表、语言等一切信息的总称。按表述方式分,信息资源可分为非文献信息资源和文献信息资源。文献信息资源是信息资源的主体,按文献的记录方式和载体可以将文献信息资源分为印刷型、缩微型、声像型和机读型文献信息资源。图书馆的文献信息资源主要包括:现实馆藏资源;图书馆自建的各种数据库,如特色资源数据库、专题数据库等;图书馆购买的电子文献;网络资源。

关于信息资源整合的含义,目前学术界还没有统一的说法。信息资源整合是指信息资源优化组合的一种存在状态,是根据系统论的原则,依据一定的需要,对各个相对独立系统中的数据对象、功能结构及其互动关系进行融合、类聚和重组,重新集结成为一个新的有机整体,形成一个效能更好,效率更高的新的信息资源体系,从而为科学研究、决策提供信息保障。这个定义,比较全面、完整、准确地揭示了信息资源整合的丰富内涵。公共图书馆收藏了大量纸质文献、电子文献和网络文献,对这些不同载体的文献进行整合,可提高文献资源的利用率,更好地满足读者的需求。

### 二、图书馆信息资源整合的意义

#### (一)信息资源整合有利于读者对信息资源的利用

公共图书馆读者来源广泛,不同职业、不同学历、不同年龄的读者构成了公共图书馆庞大的读者群。他们的知识背景和个人喜好不同,对信息资源的需求也就必然存在差异。图书馆以读者为中心,分析各类读者的需求特点,进行信息资源整合,为读者提供方便、快捷的检索途径,有利于读者获取所需的信息。通过广泛的信息收集,深入地整合分析,以各种形式向读者提供增值性的有效信息,可满足各类读者多元化、个性化的信息需求。

## （二）信息资源整合有助于构建图书馆服务竞争力

在网络环境下，人们获取信息资源的渠道更广、途径更多，获取的过程、方式也更加简便快捷，这给以为读者提供信息服务为己任的图书馆带来了严峻的挑战。图书馆要构建服务竞争力，首要的任务就是建立有序化的资源保障体系。信息资源的激增、无序的信息资源的增加，不仅不利于使用者对信息资源的利用，反而加剧了资源增长与资源利用的矛盾。信息资源尤其是数字信息资源要依赖于软件系统并借助网络进行传播，只有建立统一的检索平台，才能使读者方便、快捷地获取信息。现阶段图书馆的信息资源建设缺乏知识体系的完整性，无法体现学科知识的内在联系。图书馆利用现代技术实现各个资源体系的链接，可提高图书馆的信息资源关联度，从而可吸引更多的读者利用图书馆的信息资源，以及优质的信息资源。

## 三、大数据的内涵

大数据（big data），或称巨量资料，指的是所涉及的资料量规模巨大到无法通过目前主流软件工具，在合理时间内达到撷取、管理、处理并整理成为帮助企业经营决策更积极目的资讯。在维克托·迈尔-舍恩伯格和肯尼斯·库克耶编写的《大数据时代》中，大数据指不用随机分析法这样的捷径，而采用所有数据的方法。大数据的"4V"特点为：Volume（大量）、Velocity（高速）、Variety（多样）、Value（价值）、Veracity（真实性）。最早提出"大数据"时代到来的是全球知名咨询公司麦肯锡，麦肯锡称：数据，已经渗透到当今每一个行业和业务职能领域，成为重要的生产因素。人们对于海量数据的挖掘和运用，预示着新一波生产率增长和消费者盈余浪潮的到来。维克托指出，大数据时代的来临使人类第一次有机会和条件在非常多的领域和非常深入的层次获得和使用全面数据、完整数据和系统数据，深入探索现实世界的规律，获取过去不可能获取的知识，得到过去无法企及的商机。大数据之所以可能成为一个"时代"，在很大程度上是因为这是一个可以由社会各界广泛参与、八面出击、处处结果的社会运动。

## 四、大数据时代高校图书馆面临的挑战

大数据时代的到来，使普通的机构、企业和政府部门也可以像原本的少数"象牙塔"之中的学术精英圈子那样，通过数据分析获得知识、商机和社会服务能力。大数据将逐渐成为现代化社会基础设施的一部分，现代社会的经济学、政治学和许多学科门类都在大数据时代的影响下发生着巨大甚至本质上的变化与发展，整个人类的价值体系、知识体系和生活方式也在随之变化。所以，大数据时代的到来同样给图书馆的建设带来了冲击与挑战。

### （一）数字图书馆建设

在大数据时代，数字图书馆的建设是保持高校图书馆可持续发展的重要举措。数字图书馆的核心是进行信息资源的建设，需要充分挖掘和利用大数据技术，不断丰富信息资源内容，完善信息资源结构。在资源建设中，更需重视特色信息资源的建设，重视资源的共建共享，建成大数据资源。

特色数据库的建设则是特色信息资源建设的体现，在大数据时代，用户对信息检索结果无论是在数据量上还是结果展现形式上都有着更高的要求，而图书馆应该利用自身的馆藏特色以及学科优势，建设学科专业特色，适应用户需求的特色数据库，为高校的教学和科研提供高层次的信息服务，满足用户的个性化、专业化需求。建设特色数据库，实现信息资源的优势互补，有利于珍稀文献信息资源的保存和利用，有利于实现馆际信息资源的共建共享。

### （二）图书馆地位的动摇

随着大数据时代的来临，各种信息服务机构也伴随信息市场的发展而兴起，图书馆作为用户信息获取必需途径的地位日渐降低，而随着信息网络的发展，将海量信息通过各种技术手段向用户推送，为用户提供了一个更加便捷的信息交流平台，可以根据自身需求进行信息的检索。因此，高校图书馆应发挥自身优势，充分利用图书馆的特色信息资源，为用户提供个性化的定制服务。甚至可以进行服务推广，为社会用户提供信息服务。这都是高校图书馆未来将要拓展的服务范围。

### （三）大数据时代用户需要图书馆提供更好的信息服务

图书馆信息化程度的提高，使信息服务成为当前图书馆服务的主要内容之一。在大数据时代，用户期待获得更好的服务，需求更加多样化、复杂化，这就需要图书馆工作人员了解用户需求，分析用户特点，并能系统地了解大数据及其特征，建立高效可控的数据处理流程，掌握多种数据分析方法为用户服务，满足不同用户的需求。与此同时，图书馆工作人员需要不断提高知识储备，具备全面的综合素质，能够通过结构化数据了解现在客户需要什么服务，也能够利用大量的非结构化数据、半结构化数据，从图书馆用户的服务关系中挖掘正在发生什么，预测和分析将来会发生什么，以便以更好的服务模式应对未知的危机与挑战。

## 五、高校图书馆信息资源基本现状

目前我国大部分高校图书馆信息资源建设现状不容乐观，馆藏众多、各种信息资源丰富是其优势，但对广大读者而言，却有些杂乱无章。尤其对于学习、科研和教学服务而言，花费精力整理各种杂乱无序的信息资源会在极大程度上降低工作效率，极大阻碍学校事业发展。最近几年来，随着高校网络技术的升级发展及网络环境的不断改善，高校图书馆作为高校信息传递和文化传播基地，随着其信息资源向网络化和信息化发展，能把网上各种音频、视频、图像等数据库信息资源通过科学合理的整合,以动态方式为读者提供服务,已经成为各高校图书馆服务的主要内容。另外,目前信息资源在各高校图书馆采购中的比例逐年上升,成为高校图书馆发展的重要趋势和特征。与此同时,由于读者水平参差不齐,信息资源在教学过程中不能很好地被利用,提高读者素质也成为资源建设中的新问题。

目前,高校图书馆信息资源缺乏统一规划布局,分工不合理,简单机械重复现象比较突出,并且专业单一,盲目采购,缺乏特色,重复下载摘录现象较为严重。另外,由于经费不足,信息资源方面的投入甚少,影响发展。最突出的问题还是低水平重复建设,不能根据本校学科专业建设和教学科研,采购需要的信息资源。此外,信息采购和处理人员的专业素质不高、信息资源共享网络不完善、技术手段不先进、运行管理机制不成熟等问题都有待快速改善和提高。

## 六、高校图书馆信息资源整合

图书馆信息资源整合是依据读者现实需要,对每个相对独立的要素对象、结构、功能和关系进行科学合理地重组、融合、分配,重新结合为一个有机整体,形成更好、更科学、更合理、更高效的信息资源体系,最大限度地发挥效能。

### (一)做好图书馆信息资源的长远规划

信息资源相对于文献资源而言是一种新生事物,有广阔发展前景,图书馆的信息资源建设要有长远规划,一定要处理好以下两个关系:

1.在同步发展原则的基础上,处理好信息资源与文献资源、电子图书与电子报刊、电子期刊与电子报纸的关系。

2.在优先发展原则的基础上,优先发展具有广大发展前景的信息资源,并着重发展中文资源。

### (二)合理采购信息资源

目前我国各高校图书馆中,购买或租用数据库是图书馆信息资源建设的主要方式。在采购原则的基础上,保证采购信息资源对目前图书馆藏有补充作用,进而实现高校图书馆馆藏的完整性和实用性原则。明确即将采集的电子信息资源对当前馆藏建设应有一定的必要性、实用性和完整性,在保证优先满足教学科研需要的基础上,为广大师生服务。同时,采集信息资源时应考虑读者的现实需要,拓宽学生知识面。

### (三)加强信息资源宣传和培训

1.加强宣传

信息资源在我国高校图书馆还属于起步阶段,对众多读者来说感觉到很陌生,使用方式方法不是很了解。因此,高校图书馆对信息资源要加大宣传力度,通过网络宣传橱窗展示、举办讲座、读者活动等促进高校图书馆馆藏资源开发。

2. 读者培训

信息资源作为一种新的信息资源品种，其操作界面多样化、涉及内容广泛、技术教育性强。需要读者具备一定知识检索操作技能，才能使用这些信息资源，否则再丰富的资源也会被束之高阁而毫无用武之地。因此，做好读者培训工作至关重要。培训可以采取举办系列专题讲座，利用文献检索课提供在线服务等形式。

### （四）加强信息资源优化和整合

随着电子资源不断增多，多个数据库进行跨平台检索的需求日益增加。不同电子资源系统采用不同的检索平台和数据标准，同时数据库之间在内容上存在一定的重复和交叉。这些因素将导致用户检索难度增加，需要熟悉不同检索系统和检索界面，检索完成后还需对来自不同数据库的检索结果进行选择处理。高校针对这种情况可以进行跨平台检索实践建设资源分布式、知识网络化、统一用户平台、统一用户认证、多途径多层次访问系统，全面实现电子资源优化整合。

随着我国高校图书馆建设的深入发展，如何整合现有信息资源，如何在理论指导和经验驱使下，使信息资源整合成果纳入数字图书馆，以便为更多用户服务，创造出更大价值，是高校图书馆工作人员长期不懈努力的目标，也是当前高校图书馆信息资源整合迫切需要解决的问题。

## 第二节　信息资源管理政策

信息是一种国家战略资源，充分开发利用信息资源对一国核心竞争力的提升、政治文明的建设、国家安全的巩固、国民经济和社会的可持续发展举足轻重。其隐含前提包括，信息本身必须与物质的状态或运动一致；信息资源开发必须符合更宏观的目标；信息为用户所需要，被用户完整地理解与正确地接受，在信息化浪潮席卷全球的过程中，不断深化对国情的理解，积极主动地驱动信息聚集、凝结成资源，是世界各国一致不懈的努力。

由于信息资源开发本身是一个受自然禀赋、发展水平、社会经济规模等多重因素制约的动态平衡的复杂过程，世界各国在制定、实施本国的信息化发展规划方面各有特色，形成了当前不均衡的发展格局。作为世界信息共同体的一员，尽管中国在信息化建设领域取得了巨大成就，但要加速信息资源的开发利用仍面临许多问题。事实上，信息资源的开发利用不仅是一种信息活动，更是一个通过鼓励创新，来促进资源的有效利用及提高生产率，辅助国家实现经济社会发展目标的错综复杂的过程。因此，要紧紧把握信息经济前沿动向，制定和实施国家信息资源管理政策，将知识与信息应用到信息生产、处理、沟通、传播等领域，开创信息资源管理工作新局面，实现跨越式发展。

## 一、世界大国信息资源管理政策特征

信息资源管理政策是一个在信息科学、公共政策、政治科学、经济学和其他学科交叉、渗透、融合基础上产生的新领域，是根据需要制定的有关发展和管理信息事业的方针、原则和办法，也是调整国家信息实践活动并借以指导、推动整个信息事业发展的行动指南。它反映出一个国家对信息资源的重视程度，决定着宏观信息管理的导向和行为准则，是在理论实践中获得证明的引导，调控信息资源的基本工具。借鉴先行者成功经验与方法，对我国在特定的国别环境，既定的标准、价值关系、权利结构中综合运用政策工具，提高信息资源萃取、支配和使用能力，实现物质财富创造与精神财富集聚的和谐统一有着积极意义。

### （一）世界大国信息资源管理政策的共同取向

纵观世界各国制定信息资源管理政策的初衷，即促进经济发展和社会进步，积极构筑旨在有效促进和保障信息资源充分开发利用。概括来说反映其内在规律、外在市场规则的政策法规支撑体系是各国共同的取向包括以下方面：

1. 政府强势介入信息资源管理

作为世界信息化先驱，美国政府早期通过直接增加政府资金投入发展技术基础结构，扩大信息资源的开发和利用，后期介入程度不断提高，方式则转化为通过建立权威性的协调机构，运用经济和政策杠杆加以调节，进一步促进信息资源的有效开发和利用。欧盟国家虽然并非传统意义上的联邦制国家，但整个欧洲信息社会的发展和转型是在欧盟全方位领导下进行的。以"信息社会"为主题，欧盟制定、颁布了一系列规章、指令、决定、建议和意见，全面推进欧洲社会、经济、文化、教育等领域的数字化。强有力的信息资源管理、政策法规体系支持，使得欧盟成为在世界信息资源产品、服务竞争中能与美国媲美的具有集合优势的新的联盟体。日本的信息资源建设从最初就以国家干预和统筹管理为主，如建设国家信息系统和网络、构造信息基础等诸多方面，政府都起了主导作用。在信息资源管理政策的制定和实施过程中，日本政府从科学技术信息政策出发不断扩展调整领域，通过"数据库预备金制度"等税收、金融优惠政策扶持那些被认为有前途或有潜力的企业，鼓励民间企业参与市场竞争。

2. 从源头加强信息资源的自由获取、均衡流动

从制度上为信息公开、信息共享扫清障碍，这方面最具代表性的国家是美国。信息公开是美国国家信息资源管理政策最基本的原则，遵循"完全与公开"的原则，美国通过一系列明确和简单的法律体系来推动联邦政府信息的资源获取，包括：

(1) 一部强有力的《信息自由法》确保对政府部门信息的自由访问。

(2) 收费仅限于信息分发和再生产的成本。

(3) 《版权法》原则上禁止联邦政府对自己的作品拥有版权。

(4) 对开发和再利用没有限制和约束。

可以说，促进信息公开与信息共享是世界各国当前信息资源管理政策关注的焦点领域。据统计，目前约有52个国家、地区颁布了信息公开相关政策法规，包括欧盟《关于公开获取欧洲议会、委员会和理事会文件的规则》、日本《关于行政机关保有的信息公开的法律》、俄罗斯《关于提供获取政府机关和地方自治机关活动信息法》等。

3. 与经济、技术紧密相连

鼓励竞争，放宽管制，促进信息产业发展和信息技术不断更新。日本将信息资源作为支撑经济结构调整与促进经济复苏的动力，在信息资源管理政策的导向上特别重视技术经济信息和专利信息。例如作为"信息化都市"战略政策的配套措施，《高技术密集区开发促进法》利用金融手段对高科技项目提供贷款优惠，对风险较高的企业开设培育风险投资的资本市场、开放股权流通的交易市场，为企业融资提供场所。美国信息资源管理政策的主要出发点即适应日新月异的技术需求，以巩固美国信息资源优势和信息霸主地位。《联邦技术转移法》《促进科学技术利用法》等系列法规的制定旨在推动政府控制的、有商业价值的技术向私人部门转移，鼓励投资开发科技成果，促进科技成果商业化、产业化。俄罗斯通过《国家科技情报系统法》承认信息资源所有制的多样化，尊重信息资源所有者的利益，并主动创造法制和经济环境，鼓励非国有科技情报机构开展新型信息服务，推动社会资源向信息市场聚集。

4. 注重国际合作

在与国际环境接轨过程中寻求多种手段维护主权和自身利益。以全球一体化思想为指导，世界各国都积极主动与国际环境接轨，如德国、日本都出台政策加强与海外的信息交流与合作，以提高本国在国际上的地位；俄罗斯也大力加强与其他国家的合作，积极促进本国信息产品和服务进入世界信息市场。此外，发达国家在积极推动各种国际组织制定国际信息政策，协调国际、地区间和国家间信息化进程的同时，尤其注重采取主动出击方式以国内法规影响和引导国际规则的建立，力求在国际规则中保护主权，谋求自身利益。例如，美国积极参与和推动的TRIPS协议（《与贸易有关的知识产权协议》的简称）中即有许多内容直接源于美国的标准和规定，符合了美国知识产权保护国际化需要；欧盟《数据保护指令》迫使其他国家和地区采取相同或类似的个人数据保护措施，推动了个人数据保护立法的国际化。值得注意的是，与国际接轨出发点一致，发达国家信息资源管理政策与国际接轨并非绝对，有时也会保留具有自身特色的"不接轨"部分来保障国家主权与利益。

5. 高度重视信息安全问题

作为信息化先行国家，美国政府特别关注信息安全，制定了系列信息安全方面的有关政策，如密级报告《计算机安全法》等；考虑到关键性国家基础设施可能遭到攻击，美国还提出"深度防御"的安全战略，先后发布《信息保障技术框架》《国家基础设施保护计划》的总统令、《国家安全战略报告》等，将信息安全提升到战略高度。另外，美国非常注重保护信息资源开发和利用过程中所涉及的个人隐私权，以《隐私法案》为核心对公众隐私提供全方位保护，努力为美国创造一个全国乃至全球性的保护个人隐私安全的良好环境。俄罗斯较早认识到"确保信息安全并在激烈的信息对抗中获得优势是保证军事行动获得成功的重要条件"，先后颁布了《俄罗斯联邦信息、信息化和信息保护法》《俄罗斯联邦国家安全构想》等，在政策上规范了俄罗斯的信息安全管理。

6.大力发展教育和培训，提供训练有素的信息人才和用户

为普及社会信息化，发达国家采用多渠道培育信息化高级人才的政策，包括加强学校的信息化专业教育；建立软件技术人才资格考试制度和信息技术资格认定制度；完善吸引国外专家的人才机制等。例如，欧盟通过《信息社会2000年计划》等一系列综合性政策，侧重提升和增强公民的整体信息素质；美国侧重信息技术创新，放松了技术移民政策，大量寻找世界各国信息领域优秀人才；日本等国在积极吸引国外专业技术人才的同时，高度重视教育信息化，通过职业培训、讲座等普及信息化知识，并积极促进产业界与学术界人才交流，通过多种方式培育拥有专门技术、创新能力强、适应风险变化的多元化人才。

**（二）世界大国信息资源管理政策的差异化发展**

尽管各国的国家信息资源管理政策在全球大背景及总发展趋势上具有相似的方面，但由于各国在社会制度、意识形态、文化背景等方面不尽相同，其现实的政治状况、经济实力、科技水平和社会进步等也存在具体差异，从而导致其信息资源管理政策呈现出各自的特色。在信息资源管理政策目标上，美国谋求的是全球范围内政治、经济、技术的霸权地位，具体目标强调的是"平衡"，美国要把制定协调型信息政策确立为目标。欧盟为整合欧洲诸国力量与"世界超级大国"抗衡，其信息资源管理政策立足于规范和统一成员国信息化发展步伐，发挥整体优势，维护其全球信息化发展进程中应有的地位。

在信息资源管理政策制定原则上，美国坚持其自由的资本主义传统，强调信息自由流动和市场机制，注重平衡、协调政府与私人机构的关系；日本则对本国的自主信息体制格外关注，表现为更多地吸收和利用他国的信息资源，而不是向国外输出本国的信息资源，特别是技术信息资源。

在信息资源管理侧重领域方面，欧盟各国注重充分发挥各国特长和优势互补，例如北欧各国长于无线通信技术支持下的网上服务，德国、英国长于多媒体、数据库的开发应用服务，法国长于基于民族文化特质的内容服务等。日本为实现"科技立国"战略，高度重视科技情报，政策倾向大力扶持数据库建设；美国则凭借雄厚的经济实力，在信息产品、信息服务等

领域全方位发展。

## 二、我国信息资源管理政策问题

我国信息资源管理政策主要问题的表征是：①数量庞杂但不成体系。尽管现行信息资源管理相关政策为数不少，但内容多交叉重复，存在不少薄弱甚至空白领域亟待加强与填补，没有形成体系，难以相互映射、支撑。②缺乏连续性与稳定性。连续性和稳定性是政策实施获得理想效果的必要保证，但由于我国信息资源管理政策制定缺乏总体规划，长期以来存在"头疼医头、脚疼医脚"的问题，1993—1995年邮电部围绕开放经营电信业务的界定及其申办、补办、受理、审批程序的规定，先后颁布15部规章就是其中的典型案例。③缺乏国际兼容性。我国现行绝大多数信息资源管理政策都是在相对隔离的状态下制定颁布的，虽然适应具有中国特色的经济环境，但在全球一体化背景下，难以全面反映世界范围内普遍的市场经济规律的全面要求。④政策制定缺乏有效参与和反馈渠道。我国相关政策的制定、执行普遍采取自上而下的单向途径，政策制定者处于主动地位，而执行者、作用对象处于被动地位，妨碍了政策的执行力度与接受程度，加上反馈渠道的不畅，政策制定者往往无法及时调整、修改政策和纠正执行中的问题，影响了最终实施效果。

造成我国信息资源管理政策困境的原因，主要有以下方面：其一，天然局限性。经济基础决定上层建筑，信息资源管理政策的制定受经济基础、社会发展进程等现实条件制约，原本即存在一定滞后性。我国政策法规制定颁布需要经历的立项、起草、审批、表决等程序，也在无形中影响了我国信息资源管理政策的建设进程。其二，历史局限性。相对于世界大国，我国信息资源管理政策的立足点是"小信息政策观"，从科技信息政策入手，并在一定程度上局限于科技信息政策领域。由此反映在政策内容方面，基本局限在传统的科技信息系统建设和工作规程之中，新的调整领域没有得到完全充分的建设。其三，政策制定模式局限性。我国信息化发展起步较晚，基础薄弱，经济体制转轨过程中面对信息技术迅猛发展带来的各种变化、问题、矛盾，往往采取"挑战—应对"式的政策制定模式，缺乏全局统筹与战略前瞻，对信息化相关领域中存在的错综复杂的关系。

## 三、信息资源管理的法律规范

### （一）信息法

信息法是调整信息活动中产生的各种社会关系的法律规范的总称。

### （二）信息活动

信息活动包括各种法律主体从事的、与信息的生产、采集、获取、加工处理、传播、利用、保存等事务相关的一切活动。

### （三）信息法的特点

信息法是国家强制力保证实施的行为规范，具有普遍约束力、明确性、稳定性和执行的强制性。信息法是国家权力机关通过立法程序制定的，具有严肃性和约束力，能够更有效地调整信息活动中的权利义务关系。法律的特点：规定性；具体明确、可操作性强；稳定性。

### （四）信息法的作用

规定信息法律关系主体的各项权利和义务，协调社会、集团和个人之间的利益平衡，为国家的信息化发展提供法律上的依据和支持。创设新的专门的法律规范，废止、修改传统法规中不适应数字化、网络化生存环境，不利于信息化发展的内容，为国家的信息化发展排除障碍。信息法规与信息政策相互配合与协调，新的信息法律与已有的传统法律之间的平衡与协调，建立有利于国家信息化发展的社会秩序。

### （五）信息法调整的对象和范围

法律不是万能的、无所不包的，它只是调整人们的社会关系的手段之一，任何时候都无力去规范一切信息活动。信息活动中涉及的信息也并非一切信息，只能是特定意义和范围的信息，甚至不能包括一切社会信息，更不用说自然信息了。尽管如此，信息法调整的范围仍然是十分广泛的，这点在信息法的法律渊源的广泛性以及信息法律规范广泛分布于各种各样的法律、法规之中，体现得尤为明显。还可以从法律事实的角度对信息活动的范围加以界定，即法律事实。

## 四、信息资源管理政策法规概述

随着信息技术特别是网络技术的发展，人们越来越深刻地意识到资源共享所带来的好处，信息资源共享成为了各个层面的共识。但是从目前来说，信息资源共享和交换仍然面临着一系列的问题，其中之一就是信息资源共享所引起的政策法规问题。

信息资源管理政策法规，是信息资源管理的一个重要组成部分。如今，信息化已成为社会经济、文化和生活领域的重要内容，它对经济的发展产生了重大影响。信息化的发展在给人们带来新资源和新推动力的同时，也使得人们在信息交流活动中的经济关系和社会关系日益复杂，这些关系常因人为的不正当作用而产生不良的影响，如信息网络和资源安全问题、信息技术的不正当使用、信息侵权和计算机网络犯罪等，这些问题的解决除借助教育、道德约束等方法外，有时还需要利用政策和法律的手段进行干预。而如何有效地处理好信息领域的各种经济社会关系，则是信息政策和法规所要解决的核心问题。

## （一）基本概念及政策法规

### 1. 基本概念

信息政策是国家用于调控信息产业的发展和信息活动的行为规范和准则，它涉及信息产品的生产、分配、交换和消费等环节，以及信息行业的发展规划、组织与管理等综合性的问题。信息法规是由国家立法机关批准制定，并由国家执法机关的强制力保证实施的，调节信息领域经济关系和社会关系的法律规范的总称。

信息政策法规是用来调整信息在生产、搜集、处理、累积、储存、检索、传递和消费活动中发生的各种经济关系和社会关系的规则的总和，它以信息领域的各种经济关系和社会关系为调整对象。信息政策法规包括信息政策、信息法以及调整信息领域经济关系和社会关系的行政法规、地方性法规、自治条例、单行条例、部门规章和地方政府规章等。

### 2. 政策与法规的区别

尽管信息政策和信息法规调整的都是信息领域的各种经济和社会关系，但它们却有着不同的调节内容和方向，侧重点并不相同。其区别主要表现在以下几个方面：

（1）信息政策运用行政手段，制定一定的政策，对信息领域的各种活动起到宏观导向作用；而信息法规则采用法律手段，运用法律手段对具体的行为起制约作用。

（2）作为信息活动的指导原则，信息政策会随着社会的发展和现实情况灵活变化；而信息法规在制定后相对稳定，有较长的时效性。

（3）在制定过程上，信息政策比较简单，并且很多机构都可以根据所在的辖区制定相应的信息政策，在执行时，由于宏观性的特点，解释空间很大，可操作性和强制执行性很差；而信息法规则依据严格的程序，由专门的立法机构制定，由于其调整的是具体的经济社会关系，因此可操作性很好，具有强制执行特性。

（4）在调整范围上，信息政策从信息领域的整体出发，具有很大的调整范围；而信息法规并不能对信息领域的所有经济关系和社会关系进行调整，它所调整的对象是在信息活动中对国家、社会造成较大影响的各种事件，也即只有构成法律行为的关系才是信息法调整的对象。

从以上信息政策和法规的区别可以看出，这两种调节手段在一定程度上起到了互相弥补、相辅相成的作用，二者缺一不可。信息政策对整个信息领域起宏观调控作用，对信息法规的制定和执行具有指导作用；而信息法规则是对信息政策的具体实现，对各种经济社会关系进行实际性的调节。

## （二）国内外信息政策法规的发展历史

信息政策法规的研究起源于 20 世纪 50 年代末至 60 年代，60 年代后，逐渐受到各国政府的重视，成为政府和产业界关注的热点问题。早期的研究主要集中在对科学信息政策领域的研究，尤其以研究和制定旨在发展处理信息方法的政策为主。80年代，以引进和吸收国外的经验，研究我国信息政策法规的理论体系和内容框架为主。进入90年代，随着现代信息技术和互联网的迅猛发展，提出了诸如网络安全、信息污染、电子犯罪、信息安全以及知识产权等多方面的问题。因此，各国以及各种国际组织都积极地致力于信息政策法规体系的重构，力图建立一个安全、规范的信息社会体系结构，以此来平衡、协调和规范信息社会的各种利益关系，为社会信息化的进一步发展提供保障。

我国信息政策法规的研究和制定起步较晚，其发展过程大致经过了以下几个阶段：

自20世纪50年代以来，世界各国的信息政策法规研究已经产生了一批重要的科研成果，极大地推动了全球各国信息产业的发展。目前，欧美发达国家已经认识到了信息政策法规研究对社会经济发展的重要性，其信息政策法规体系日益完善，所涉及的面也越来越广，从最初的对信息生产、处理和存储、传输的研究，到有关产业经济、网络主权、国家安全等领域的广泛探讨。从被动的缺陷弥补到主动地预测信息领域内的各种经济利益关系，以达到提前规范、正确引导的目的。信息政策法规的研究，目前已进入一个高速发展的时期。

我国是发展中国家，以信息化带动工业化，是我国现代化建设的战略问题。不断提高我国的信息化水平，是我国实现现代化的必由之路。然而，我国信息化的发展。距离世界先进水平还有相当的差距，主要是偏重于硬件研究，软件开发和信息服务等软设备的研究明显滞后；核心技术开发力量薄弱，关键硬件和软件主要依赖进口；信息资源开发严重，信息化存在大量的低水平重复建设，且各单位部门自成体系，资源共享难以实现；信息领域存在大量的安全隐患，网上交互行为缺乏政策法规的约束，导致信息管理的混乱。因此，要规范信息领域的各种行为和经济关系，必须制定相应的政策法规，才能够保证我国社会信息化的健康快速发展。在我国，从20世纪90年代以来，信息政策法规的研究日益受到社会各界的重视与关注。1993年，中山大学的卢泰宏教授出版了国内第一部信息政策问题的专著《国家信息政策》引起了学术界的广泛关注。

我国政府也对信息政策法规的制定给予了极大的重视。1994年，《中华人民共和国计算机信息系统安全保护条例》出台，其目的是保障计算机及其相关配套的设备和设施（含网络）的安全、运行环境的安全、信息的安全，保障计算机功能的正常发挥，以维护计算机信息系统的安全运行。重点维护国家事务、经济建设、国防建设、尖端科学技术等重要领域的计算机信息系统的安全。1996年北京市公安局发布了《关于加强计算机信息系统国际联网备案管理的通告》。1997年经国务院批准公安部发布了《计算机信息网络国际联网安全保护管理办法》。到目前为止，我国已经对域名注册实施细则、计算机信息系统国际联网保密、互联网从事登载新闻业务的管理、互联网电子公告服务、互联网信息服务管理、互联网骨干网间互联服务、网上银行业务管理、计算机软件保护和互联网络域名管理办法等领域进行了相关政策法规的研究和制定,使得该领域内信息的处理和各种经济关系的解决有据可依。

同时,国家为了支持和促进信息政策法规的研究,在课题的立项方面也给予了极大的扶持和鼓励,国家自然科学基金委员会、全国哲学社会科学规划办公室和教育部均从不同的角度对信息、政策、法规领域的研究给予了资助。2001年,教育部批准了由武汉大学信息资源研究中心马费成教授主持的人文社会科学重点研究基地重大课题"国家信息政策与法规体系研究"。该课题对国家信息政策法规体系的结构、我国信息政策法规制定与执行的保障机制、我国信息政策法规的国际兼容性以及建立中国信息政策法规数据库等问题展开了深入的研究,取得了一系列重要成果。另外,由上海社会科学院信息研究所张新华教授主持的国家社会科学基金项目"信息安全、网络监管与中国的信息立法研究"也在这一年里获得批准。

可以看出,信息政策法规研究在我国引起关注是在20世纪90年代初。进入21世纪后,随着国家信息化进程的飞速发展,信息政策法规研究受到社会各界前所未有的关注,研究成果大量涌现。

### (三)政策法规方面存在的问题

利用先进的信息技术,实现信息资源的优化整合,以最低的成本获得最大的效益,这是所有企业所追求的。但是我们也应该看到,随着信息技术的创新、开发引入、选择和应用,信息领域的经济关系和社会关系正在复杂化,信息化的初衷常因人为因素而出现偏差。例如,如何保障信息存储、传输过程中的安全性,信息作为一种无形资产也存在利益和产权等问题,在网络环境下如何保证信息资源的权利分配等问题。

当前我国正在建立的信息基础设施,也是为实现分散信息的共享,为各部门提供一个共享的信息资源平台,这些问题都不是单纯的技术措施能够解决的。信息化过程中暴露出的问题和缺陷,使人们不得不求助于信息政策和法规,特别是"信息过程"中与人相关的问题,这可以说是最复杂、最难处理的。当然,我们应该从整体的角度,以发展的眼光来理解信息化的内涵,随着社会的进步、互联网的出现,信息化所涉及的领域更加广阔,牵涉的关系更加复杂,如何从政策法规的角度来规范和调整信息领域的各种活动,以达到合法、有效、安全地利用各种信息资源,正成为各国密切关注的问题。

在探讨信息政策法规的主要研究领域前,必须对信息领域存在的问题以及相应的对策有所了解。目前,信息领域存的问题有:

1. 信息基础设施的建设问题

信息基础设施是信息化发展的基础。为加速信息化建设的步伐,改变当前的混乱局面,必须加速信息基础设施的建设。早在1993年9月以克林顿、戈尔为代表的美国政府就开始实施"国家信息基础设施行动计划(NII)"即"信息高速公路的行动计划"。

该行动计划明确了美国国家信息基础设施建设的总体目标,即:通过发展高等级的国家信息基础设施和保持美国在全球信息基础设施中的优越地位,使美国公民享用广泛的信息资源及信息服务;充分运用通信和信息技术的创新成果,通过企业、劳动者、学术界、消费者和各级政府的相互配合,以实现美国更为广泛的经济和社会目标。为了在信息高速公路上表达地理参考,使之与地理和地球有关的空间信息得以在因特网上准确地表达、描述和查询,需要建立全国的空间数据框架,为此克林顿总统又于 1994 年 4 月签署了"建立国家空间数据基础设施(National Spatial Data Infrastructure,NSDI)"的 12906 号总统令。美国计划投入 4000 多亿美元,耗时 15~20 年建成 NII。为了将信息技术推进到人们的日常工作、生活和娱乐,时任美国副总统的戈尔又于 1998 年 1 月提出了"数字地球"的概念。

信息基础设施建设尽管投资巨大,短期利益不明显,但是将对一个国家未来的发展产生巨大的推进作用,因此,许多国家目前都在加紧信息基础设施的建设和投资。信息基础设施,主要由计算机服务器、网络和计算机终端组成,随着计算机技术的急速发展,服务器和各种终端的数据处理及信息存储能力得到了极大的提高,制约我国信息化发展的主要问题在于通信网络,网速慢、收费高已严重制约着我国信息化的进程,限制着信息资源的共享。所以,我国必须加大信息基础设施的投入和建设,只有根基打牢了,才能更好地推进信息化的发展。

2.信息孤岛和数字鸿沟现象严重

信息化的另一个问题是"信息孤岛"和"数字鸿沟"现象严重。缺乏统筹规划的信息化的推进和建设,将导致信息传输网络不能互联互通,信息资源无法共享形成一个个"信息孤岛"导致信息化价值大打折扣。信息化发展到今天,其地域差异越来越大。我国目前面临三大"数字鸿沟"即中国与世界、中国各地区之间以及城乡之间的"数字鸿沟",这是信息时代中国所面临的三大鸿沟。从国内各地区的比较来看,东部地区有一定的发展,而中西部地区相对落后,根据中国互联网络信息中心(CNNIC)的《中国互联网络发展状况统计报告》的调查结果显示,截至 2003 年 7 月 1 日,在我国所有万维网(www)网站中,东部 11 省市共占 81.2%,而西部 14 省区的总和只占到 8.1%;从城乡比较来看,部分农村地区信息化程度还相对落后。

"信息孤岛"和"数字鸿沟"所带来的负面影响是巨大的。研究资料表明,"数字鸿沟"造成的差别正在成为中国继城"乡差别""工农差别""脑体差别"这"三大差别"之后的"第四大差别",其本身已不仅仅是一个技术问题,而正在成为一个社会问题。"数字鸿沟"的出现主要与资金和人才有关,有关部门应尽快找出原因,出台援助中西部地区信息化发展的法规,必要时国家应给予一定的优惠政策。鼓励中西部地区的信息化建设,尽可能地缩小这种差距。

**(四)政策法规宣传力度不够**

我们不仅要创建自己的知识产权,还要把国际规则贯穿到产品研发、生产、销售的各个环节，为我国顺利进入国际信息领域做好准备。发展自我核心技术，在今天已为越来越多的企业所接受，但是，把国际规则贯穿于研发、生产、销售的过程并未得到人们足够的认知，特别是如何将规则贯穿于其中的各个环节，我国多数企业还处在摸索阶段。究其原因，一方面，缺乏全面掌握国际知识产权规则、熟悉相关国际案例的人才；另一方面，缺乏接受不公平游戏博弈洗礼的经历和处理相关国际案例的经验。

信息产业的推进与发展，离不开全民信息化意识，特别是提高全民信息产业政策与法制调整与促进信息产业的规范意识。而这种意识的提高与普及，离不开有效的宣传与教育。为此，要做到两个"加强"。首先，要加强信息政策与法规宣传力度；利用各种宣传媒体应用一定的篇幅、版面、时间对信息产业和信息产业政策与法规的内容、特征、作用、发展方向和发展规律等方面进行普及教育，开专题讲座，以此促进和提高全民信息政策法治意识。其次，加强教育与培训的力度，信息政策与法治意识的培养要充分运用全日制教育、社会业余教育、行业培训教育等教育形式和途径，全方位、多层次、多渠道地展开，在全日制教育中，应从中小学抓起，在相关的课程中加入信息化知识信息政策法治意识的内容。

## 第三节　理论信息学与知识管理

### 一、理论信息学

#### （一）信息与信息现象本体论

1. 信息现象及其构成

信息现象是指信息本身以及与信息有关的一切现象。信息现象及其构成其构成可从两个维度去划分：一是从信息现象存在（发生）的领域上分为人类信息现象和非人类（其界域为生命界，至少为动物界）信息现象两大部分；二是无论人类还是非人类信息现象均可再分为"信息本体现象""信息行为现象"和"信息效应与信息文化现象"三大层面（信息现象的构成可简称为："两大部分三大层面"）。"三大层面"在"两大部分"中的表现内容及状况不尽相同，人类信息现象显然比非人类信息现象更复杂。理论信息学主要研究人类信息现象，同时也会适度涉及（关照）非人类信息现象。

"两大部分"即人类社会和动物界的信息现象，并不是指信息内容（所指）为人类社会和动物界的信息现象，而是指发生在人类社会和动物界的信息现象。其信息所指是其所能指的一切事物对象，且二者之间有相当程度的共同性和重合性，至少有共同的规律性。

"三大层面"（可简称为第一、第二、第三层面）之间关系密切，但性质、表现形态、理论价值不同。从现象角度看，第二、第三层面是信息现象的主导层面或可见层面——即从表现、显现、展现或观察、认识的角度讲，信息现象实际上只有这两个层面：第一层面是不可见层面或是抽象层面，它实质上是对第二、第三层面抽象认识的结果。但从理论价值角度讲，第一层面则是主导层面，价值更高，它既是对第二、第三层面进行理论抽象的结果，同时又是对第二、第三层面进行认识和把握的理论基础与指导。

2."存在"的形态与信息的定义域

"存在"是最基本的哲学本体论范畴（概念），按黑格尔的说法，其含义即"有"（与"无"对应、对立、相反），是指"存在着的"，是宇宙间一切事物、现象和过程的指谓。哲学界公认的基本信条是，存在分"客观实在（物质世界-质量和能量）"和"主观存在（精神世界-内容与形式）"两大领域按康德的说法，即"自在（物质-客观）"与"自为（精神-主观）"。

中国学者邬焜根据列宁"一切物质都具有反映、显现特性"的观点，提出了"直接存在"（实在-物质）""间接存在"（不实在-信息）的学说，并进一步将后者分为"客观"和"主观"两种，即"客观不实在=客观间接存在=客观信息"和"主观不实在=主观间接存在=主观信息"。他用"水中的月亮"这一现象实例论证了"间接存在"的普遍性，给出了"信息是标志间接存在的哲学范畴，是物质存在方式和状态的自身显示"的信息定义。

用"物质-精神""客观-主观""自在-自为""直接-间接"等概念范畴均难以真正涵盖或分割"存在"，因而主张用"实在""虚在"和"虚实在及实虚在"三个概念范畴。第三个概念范畴才是信息的定义域。"实在"基本上就是传统哲学所讲的客观实在或客观世界，即由有物质实体的和虽没有物质实体但却可见、可测定的事物及现象（如力、光、电、射线、空气、温度、湿度、空间、时间等）构成的物理世界；"虚在"是指传统哲学所讲的主观存在（精神世界）和被传统哲学所忽视的非主观的诸如关系、作用、机制、机理、规律等既无物质实体又不可见也不可测定，但却可被生命体尤其是人类感知并表述出来的存在（故"虚在"又可分为"主观虚在"和"客观虚在"或叫"内虚在"和"外虚在"两部分）；"虚实在及实虚在"则是介于二者之间的一种"存在"，且是仅在有生命体参与的关系中发生的并只对生命体有意义、起作用的一种存在现象，其含义是生命体中的"实在的虚在（虚实在）形态"和"虚在的实在（实虚在）形态"。前者（虚实在）是指"实在"在生命体中的虚化（虚在）形态，即传统哲学所讲的主观世界（主观虚在即内虚在）对客观世界（实在）的认识结果，也就是实在在主观世界中的映射、反映结果等，它是主观虚在（内虚在）的构成部分或是内容之一。同时应该指出：主观虚在即内虚在并不全都是虚实在，还有并不反映或并不完全反映实在的内容，如思维、智慧、悟性、情感、意志、气质性格、人品、人格、心态、心境等；后者（实虚在）是指"虚在"（客观虚在和主观虚在即外虚在和内虚在包括其虚实在）在生命体中的确定形态，即生命体对"虚在"（包括其虚实在）感知、摄取、确认后形成的确定的、实实在在的形态和内容，而且其可被生命体外化为物态的实在（痕迹、符号、文字、雕塑等）。因此，实在可分为第一实在（元实在）和第二实在两

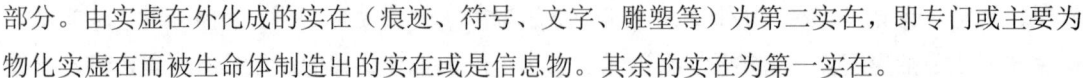

部分。由实虚在外化成的实在（痕迹、符号、文字、雕塑等）为第二实在，即专门或主要为物化实虚在而被生命体制造出的实在或是信息物。其余的实在为第一实在。

3. 信息的本质与定义

根据以上观点，信息肯定是一种存在。但它不是纯粹的实在或虚在，而是介于实在与虚在之间的且与生命相生相伴、同存共在的"虚实在及实虚在"，其内容所指是实在与虚在，其自身却是虚在及其实在（虚实在及实虚在）。哲学本体论的信息定义可表述为：信息是存在于有生命参与的关系中且只对生命有意义、起作用的虚实在及实虚在。简单地说，信息是生命体中的虚实在及实虚在。至于在无生命的世界中是否有相同或类似的虚实在和实虚在现象（如"水中的月亮"等），可另外讨论。但至少，那不是信息或者与信息无关（因为水绝不会感知月亮虚在其中，并将其确认为实虚在，水中的月亮对水也没有任何意义和作用，那实质上还是一种实在（物质）现象，即水和月这两种物质在光这种物质的作用下发生的投影现象，绝不能说水中的月亮是天上的那个实在的月亮的信息，或说月向水发出了信息，水接收了月亮发出的信息。水和月亮之间没有信息关系，只有物质、能量和力的作用（实在）关系，如月亮与水的潮汐关系，这些实在的物质现象对生命而言，可成为信息，可虚实在于生命体中并可被生命体确认为实虚在，而且还会对生命体起作用。所以猴子会到水里去捞月亮，而人就不会，而且会有"水中捞月一场空"的说法，会有"天上的月亮在水里，水里的月亮在天上""月亮代表我的心"等歌词的存在。无生命体参与、介入的虚实在现象尽管可能存在（实虚在现象绝不可能存在），但绝无信息意义—非生命世界无信息。信息是生命的专利，甚至可以说，信息是一种生命现象。

信息的本体论定义还可作进一步的阐释：信息=存在，即实在与虚在在生命体中的虚实在及实虚在形态，实在是先成为虚实在后成为实虚在，虚在（内虚在与外虚在）则可直接成为实虚在。虚实在若不确定则是"潜信息"或"前信息"，若确定则是"显信息"或"现信息"即实虚在。虚在（内虚在与外虚在）在未被生命体确认（确定）时也是"潜信息"或"前信息"，但确定后则是"显信息"或"现信息"，即实虚在。而实虚在则肯定是"显信息"或"现信息"，即可以真正被使用并发挥效用、实现价值的严格意义上的"信息"。所以，严格而简单地说，信息即生命中的实虚在，信息的本体论定义还可（也应该、有必要）通俗地表述为：信息是一种有生命体参与其中的关系内容，即在关系中可被生命体感知、摄取、接受并可被确认的，只对生命体有意义、起作用，可被生命体享用，使用的一切非物质，非实在的内容。简单地说，信息是只对生命体有意义的非物质，非实在的关系内容，但这种关系内容可外化为实在（痕迹、文字、雕塑等）。

（二）信息的内容、形式及载体

信息的内容即信息所指。信息的形式即信息内容的存在与显现方式及样式，是信息形态的下一逻辑层面——信息形态的具体化，且主要是物态信息的具体显现方式及样式，如肢体动作、声音、痕迹、文字、图形、图画、图像、雕塑等，是信息外化处理行为的产物。其价值是使信息明确显现于时空（物理世界）中并将其传递（传播、交流、留传）、固存、加工、使用。本态信息没有严格意义上的形式，上述形式虽可虚在于生命体中（尤其是显态即真信息态中），但其无法实现形式的价值。

信息的载体是指盛载有信息的物质实体，有广义、狭义之分。广义信息载体是指所有承载有、蕴含有信息或者生命可从中获取信息的事物，即所有的第一和第二"实在"（包括生命体自身和生命的创造物，如鸟巢、建筑物等）。狭义信息载体是指专门或主要用于盛载、固化信息的物质实体，其肯定是生命的创造物即第二实在。理论信息学意义上的信息载体主要是指狭义。狭义信息体又可分为"全载体""半载体"和"直观（直接）载体""非直观（间接）载体"两个层面。全载体是严格意义上的信息载体，即只用于盛载信息而无其他目的的物体（如纸张、笔及其文字等）。半载体是指兼具盛载信息和其他实用目的的物体（如建筑物、服装等）；直观（直接）载体是指信息形式直接固化于物体上，生命体可直接、直观地从中获取信息内容的载体（如载有文字、图画的纸张、墨迹等）；非直观（间接）载体是指信息形式未直接固化于物体上，而是隐存在其机制中，生命体不能直接、直观地获取信息内容，而只能通过行为启动其机制才能间接获取信息的物体（及其技术机制），如电脑及其磁盘、光盘、录音机、录像机及其磁带、磁盘、光盘等。前者基本上是恒定态信息的载体，后者基本上是非恒定态信息的载体。

### （三）信息行为论

1. 信息行为构成

对信息行为构成的认识可有行为主体和行为内容两个维度：

（1）从行为主体的维度看，信息行为由个体信息行为、群体信息行为和社会信息行为三个层面构成。这三个层面的信息行为内容有相同之处和不同之处，个体信息行为是基础层与核心层，后两者只是个体信息行为在群体和社会中的外化形态，并最终要通过个体信息行为方能实现其价值与意义。

（2）从行为内容的维度看，信息行为由信息获取、信息处理、信息使用三部分构成。这三部分内容同时构成了信息行为的基本模式与过程，但在个体、群体和社会三个层面，这一基本模式的三部分内容的具体表现并不相同。

2. 信息行为模式

信息行为模式是信息行为的"线路"与"程序"，有基本模式（总体模式）和具体模式（分体模式）之分，后者是前者在现实中的具体体现且不可能突破前者的范围限度。信息行为模式的展开就是具体的信息行为内容。

（1）基本模式（总体模式）：信息的获取—处理—使用。无论人类还是非人类的生命，也无论个体、群体还是全社会，其信息行为都是在这一基本模式中进行，并将这一基本模式展开成具体的模式和行为内容。

（2）具体模式（分体模式）：有个体、群体、社会三个层面。在人类和非人类生命中，这三个层面的模式差异程度不同：个体层差异最小，甚至可以说没有差异；群体层差异比个体层要大些，主要表现在外化处理的方式方法和手段上；社会层差异最大，主要表现在外化处理的技术上和信息文化的传承机制上。

①个体行为模式：以基本形式为基础，行为在其内部共同展开，从其行为中对信息行为结果加以观测。其流程为感知信息、摄取信息、使用信息和行动等。上述过程中均无外化处理行为，所以，个体行为模式也是群体和社会信息行为模式中不可忽视的环节。

②群体信息行为模式：由个体信息行为模式间多出一个以信息的传递、传播为核心的外化处理环节构成。其具体的流程为：个体信息行为（模式）——信息外化处理；以传递、传播信息为核心（将信息形式化、物理化、物质化后并传递、传播给其他个体）——个体信息行为（模式）。具体来说，就是在个体信息行为模式的"使用"环节中增加了外化处理行为环节，即个体在自己享用或使用信息同时，又外化处理了所用信息，并将其传递给与自己存在实际空间关系的其他个体。

③社会信息行为模式：生命种群的整体信息行为模式。它是一个集大跨度（宏观）时间、空间于一体的时空模式。也可以看作信息文化的"框架"与"结构"。在人类和非人类社会有较大的不同。非人类的社会信息行为模式从空间上看，就是群体信息行为模式的复数形式，即若干或其生命种群所有群体信息行为模式的简单相加（算术和）；从时间（历史传承）上看，就是其空间模式的生物性遗传与重复（再现），从时空统一的整体上看，就是一个在时间（历史传承）上不断重复再现的几乎永恒不变的空间模式，即群体信息行为模式的复数形式或算术和。人类的社会信息行为模式则不同，它可以被划分为两个明显不同的历史阶段：语言文字出现以前与非人类基本相同；语言尤其是文字出现后则在信息的外化处理环节上发展形成出一个相对独立的具有实在性质的物化信息处理系统，即专门进行信息的外在存储、交换（含传递、传播）加工、再生的技术性系统实体。人类的信息活动行为除直接在个体与群体信息行为模式中进行外，均可通过这一技术性信息处理系统实体实现信息的共同确认、再生与共享；人类社会信息文化的形成与传承也主要通过这一信息处理的技术系统实体来实现。当今人类的社会信息行为模式很难用线性的语言准确表达、描述，大致可表述为：复数的个体信息行为（模式）—外在信息技术系统的外化处理—复数的群体信息行为（模式）。

3. 信息获取

信息获取，即生命体将信息所指对象或恒定态信息内化为信息的行为现象。从信息的角度看，即信息的形成（产生）或物态信息的传递、传播的实现。信息获取由以下四个要素（必要条件）构成：

（1）信息所指对象存在、发生或存在、发出物态信息；

（2）生命体具有相应信息能力；

（3）生命体自身产生相应信息需求（处于相应信息饥渴状态）；

（4）生命体与信息所指对象或物态信息之间具备可直接或间接接触的时空条件，即可发生密切的联系。

这四个要素（必要条件）缺一不可。具体来说，信息获取就是生命体通过启动其获取信息能力的具体机能（如看、听、嗅、触摸、阅读、理解、思考、思悟、冥想、感应等）或将信息所指对象感知和提取的信息（直接信息），或接收其他生命体发出的和已恒定存在的物态信息（间接获取信息）。故信息获取分直接获取和间接获取（相对信息所指对象而言）。间接获取对于已被发出和已存在的物态信息而言，也可以看作对其的一种使用，但这种意义上的使用与生命体将信息作为营养吸收尤其是用于指导、导致其行动，不是同等意义上的使用。信息间接获取意义上的使用，实质上是信息传递、传播的实现，可称之为信息的假性使用，而将信息作为营养吸收或用于指导、导致行动，才是信息的真性（最终）使用。

4. 信息处理

信息处理，即生命体在获取信息后到使用信息前，这段时间内对信息所施加的一切行为，分内化处理和外化处理。内化处理是信息处理的根本所在，外化处理只是内化处理的外在扩展形态和辅助、强化手段而已，其意义与价值在于物化、固化、强化内化处理的结果，并将其在空间和时间上扩展至社会与历史（以后、后世）从而使信息处理（以及信息）更具确定性、可靠性，与社会的整体性和延续性。信息处理可以只有内化处理而没有外化处理，但却不能只有外化处理而没有内化处理。信息处理的指向与归宿（目的、使命）是信息使用，即提高或降低信息的质量（真实性、正确性、确定性、可靠性程度），以便于使用，或者说使信息的使用能达到生命体的内在要求，能产生对生命体有利的效应，避免或减弱其可能产生的不利效应。但随着人类社会物态尤其是恒定态信息的增加和积累，信息处理又衍生出另一个目的，即提高信息处理自身的效率，以处理尽可能多的信息。

5. 信息使用

信息使用，是指生命体将信息真正应用于其生命活动和社会活动中的一切行为。从信息的角度看，即信息实现价值、发挥功能的现象。信息使用除可分为实用和享用外，还可分为直接使用和间接使用两种情况。前者指根据已被确认的相关信息立刻或很快采取行动；后者指将所需相关信息作为"营养"吸收（存储、记忆）后，使其对以后的生命活动和社会活动发挥潜移默化的"指导""影响"作用。这两种情况由信息的性质和生命体对信息的需求状况以及生命的现实状态等因素决定，且可同时存在（既立刻行动又"吸收营养"）。信息传递、传播传授、交流（交换）即信息共享的实现，也就是对物态信息的获取，也可以看作信息的一种使用，但这是一种假性使用。

## 二、知识管理学

管理理论的主要内容如下：

（1）科学管理的目的。泰勒认为，科学管理的根本目的是谋求最高劳动生产率。

（2）科学管理的原则。第一，对工人操作的每个动作进行科学研究，用以替代老的单凭经验的办法（以便于制定合理的工作定额）。第二，科学地挑选工人，并进行培训和教育，使之成长；而在过去，则是由工人任意挑选自己的工作，并根据其各自的可能进行自我培训（提高工人素质）。第三，与工人们亲密协作，以保证一切工作都按已发展起来的科学原则去办（管理者与管理对象高度统一起来）。第四，资方和工人们之间在工作和职责上几乎是均分的，资方把自己比工人更胜任的那部分工作承揽下来；而在过去，几乎所有的工作和大部分的职责都推到了工人身上。

（3）作业管理。这是科学管理理论的一个重要的内容，它可分为：①为作业挑选"一流的工人"，在泰勒看来，每一个人都具有不同的天赋和才能，只要工作适合他，就都能成为一流的工人。②制定科学的工作方法，采用科学的方法能够对工人的操作方法、使用的工具、劳动和休息的时间进行合理的搭配，同时对机器安排和作业环境等进行改进，消除各种不合理的因素，把最好的因素结合起来，从而形成一种标准的作业条件。③实行激励性的工资制度，它包括三部分：通过工时研究进行观察和分析，以确定"工资率"即工资标准，差别计件工资制，即按照工人是否完成定额而采用不同的工资率，如果工人达到或超过定额，就按高的工资率付给报酬，通常是正常工资的125%，以示鼓励；如果工人的生产没有达到定额，就将全部工作量按低的工资率付给，为正常工资的80%，并发给一张黄色的工票以示警告，如不改进就将被解雇。

（4）组织管理。①把计划职能与执行职能分开，用科学的工作方法取代传统的凭经验工作的方法。泰勒认为，劳动生产率不仅受工人的劳动态度、工作定额、作业方法和工资制度等因素的影响，同时还受管理人员组织、指挥的影响。为此，泰勒主张明确划分计划职能和执行职能。泰勒把这种职能的分工作为科学管理的基本原则，使分工理论进一步拓展到管理领域。②职能工长制。这是根据工人的具体操作过程，进一步对分工进行细化而形成的。在泰勒看来，一位"全面"的工长应该具备如下素养：智能、教育、专门的或者技术的知识、手脚灵巧和有力气、机智老练、有干劲、刚毅不屈、忠诚老实、判断力和一般常识、身体健康。要找到一个具备上述素养中三种素养的人并不太困难，但要找到一个能具备上述七或八种素养的人，几乎是不可能的。所以为了使工长能有效地履行自己的职责，还必须把管理的工作再加以细化，使一个工长只承担一种管理职能。泰勒设计出8个职能工长，来代替原来的一个职能工长。这8个工长,4个(工作命令工长、工时成本工长、工作程序工长、纪律工长)在计划部门,4个(工作分派工长、速度工长、修理工长,检验工长)在车间。在实际工作中,由于一个工人同时接受几个职能工长的多方领导,容易引起混乱,所以没有得到推广。③例外原则。指企业的高级管理人员把一般的日常事务授权给下级管理人员去处理,自己只保留对例外事项也就是重要事项的决策权和控制权,比如有关重大的企业战略问题和重要人事的任免等。例外原则是泰勒做出的重要贡献之一,它至今仍是管理中极为重要的原则。

(5)心理革命。泰勒认为,真正的科学管理和只追求效率的一阵风式的做法是完全不同的,这种不同就在于雇主和工人之间都必须进行一场"心理革命"。这场伟大的革命就是双方以友好合作和互相帮助来代替对抗和斗争,共同使剩余额猛增,增加利润。

## 第四节　信息资源的管理与应用

### 一、加强信息资源管理的对策建议

信息资源管理政策不是一个独立的政策领域,信息资源的开发也不是以自身发展为目的,而是一个能够实现更重要的发展目标的错综复杂的过程。在经济全球一体化背景下,大国的兴衰不再是封闭舞台上自我演绎的故事,相互的注视、融合和冲突,影响所有相关者的走向。中国的信息资源管理政策只有充分吸收国外信息资源管理政策中的合理内容,更切实地反映国家社会经济发展目标,综合运用多元化手段,把信息作为一种实实在在的投入要素,并广泛地应用于经济活动的所有领域,才能真正面向发展、谋求发展、实现发展。

(一)统筹规划,搭建信息资源创新平台

作为与物质、能源并列的社会生产支柱,信息资源对生产要素的优化、补充作用可在很大程度上减少不可再生资源的消耗,使其得到更合理的配置,这种建立在高效的信息反馈和信息控制基础上的,可持续发展机制符合构建和谐社会的"绿色经济"的要求。因此,政府积极介入,统筹规划,充分挖掘信息资源,搭建可持续发展"绿色经济"创新平台,不仅是优化产业结构、促使经济总量惯性扩张的科学途径,更是一个集制度创新、观念创新、意识形态创新、文化创新等创新于一体的系统创新行为。

1. 强化、完善政府功能

提高宏观调控水平、组织协调能力与市场监管能力,形成有国别特色的行政管理与协调机构,适应转轨时期经济发展的要求,推动国民经济产业结构升级;以基础信息资源建设为突破口，为完善宏观调控提供信息支持。

2. 以体制机制创新为动力，加快信息公开与信息共享

正确处理发展与安全、公开与保密的关系，借鉴美、俄等国的信息公开与信息共享经验，在强调国家对信息资源的所有权、使用权和收集权的同时也保护、尊重公民个人对其合法拥有的信息资源的所有权、使用权等权益，为信息资源开发利用原材料供给扫除制度障碍。

3. 坚持以人为本，需求导向

我们要围绕国民经济和社会发展中的核心问题，抓住当前国民经济和社会的紧迫需求，集中有限资源，有步骤、有重点地开发利用信息资源；充分发挥政府在信息生产和传播中得天独厚的优势，以电子政务门户网站建设为突破口，作好示范与引导。

4. 创新开放，充分利用国际国内两个市场

在区分信息资源不同类别（政务信息、公益性信息、商业性信息）基础上，对不同的领域采取不同的鼓励方式，实现经济社会收益最大化。国内市场以工作与学习为导向，为生产、生活、科研等提供便利；国际市场以生活娱乐为导向，推行中国传统文化价值观念，维护国家文化安全。

**（二）政策扶持与市场机制相结合，积极培育信息市场**

目前我国的经济体制由计划经济向社会主义市场经济体制转轨、经济增长方式由粗放型向集约型转轨的双重转轨阶段，体制转轨与增长方式转轨是经济面临的双重约束，转轨的目的在于寻求适应转轨时期的制度安排，使双重约束转化为双重激励，实现经济发展。利益激励是驱动各方力量开发信息资源的根本动力，激励主要由两个部分构成：一是市场激励，市场提供信息资源开发的外部条件，对开发产生重要的刺激作用；二是政府激励，主要包括建立规则与利益诱导。市场与政府在激励方面形成良性互动才能加速培育、发展信息市场。

1. 完善市场机制，充分发挥市场力量

信息市场繁荣是一个生态问题，取决于特定的环境。政府的作用在于参与、干预、协调、组织、控制信息资源开发，为产业可持续发展创造和健全公平、公正、公开的社会环境，构造促进信息市场活动的条件体系，推动社会资源向信息市场聚集。运用财政税收工具，主动创造法制和经济环境，促进包括私营信息机构在内的所有制信息机构的均衡发展；组织各种所有制形式的信息机构参与竞争；通过外包、政府采购等方式从市场获取高质量、低成本的信息商品与服务；建立信息资源开发利用专项基金，抓好示范工程。

2. 发挥国家政策推动作用，适度保护民族信息资源开发产业

美国利用税收政策，扶持信息服务业，征收较低增值税以保持在国际竞争中的优势地位；俄罗斯对国有信息生产者和信息产品长期实行优惠政策。我国与这些国家相比，虽有庞大的潜在的国内信息市场，但大部分没有开发，难以获取生产信息产品与服务所能实现的规模经

济；而试图加入国际信息市场获得规模经济又面临来自美国、欧盟、日本的强势竞争，处于非常不利的地位。因此，通过一定的优惠政策、条件供给、环境优化，适度保护国内新兴的、幼稚的信息资源开发产业行为主体的利益，利用关税、技术壁垒等适度保护政策，对信息资源国际合作方式及关系进行规范与协调，对本国跨国公司的信息资源输出、人才转移，市场占有等实施有效规范与限制，可为我国民族信息资源开发产业提供足够的发展时间和空间，增强其参与国际竞争的实力。

### （三）将信息安全保障提高到国家安全的战略高度

当前，全球化和信息化程度发生了深刻变化，一些国家在情报侦察、形势预测和文化渗透等方面给我国带来严峻挑战，严重威胁我国信息化与信息安全的协调发展。从国外普遍情况来看，我国在信息资源管理过程中，有必要将信息安全保障提高到国家安全的战略高度予以重视，并做好以下工作：

1. 维护本国文化安全

信息是精神和文化产品的载体，交流具有渗透性和跨越国界的特性，是新时代打开所有封闭社会的一把"利剑"。针对西方国家运用网络大肆传播其文化价值观的状况，我们要高度重视本国数据库和信息网络建设以及信息的传播和利用，在避免依赖别国的信息资源的同时，注意保护本国的文化传统、民族精神和国家主权。此外，俄罗斯针对社会转型过程中，关系到国家重大利益和安全的国有信息资源流失到国外的现象，制定了相关政策措施，这一做法值得参考。

2. 构建自主可控的信息安全保障体系

当前，国际社会在加大信息资源开发力度的同时都高度重视信息安全保障，加快信息安全保障体系建设步伐。"十一五"时期是我国信息化建设战略机遇期，在信息安全基础研究薄弱、关键技术和装备受制于人的情况下构筑一个自主可控的信息安全保障体系，积极防御、综合防范，是加快信息资源开发、保持经济平稳较快发展和社会和谐进步的基石。

### （四）营造公众利用的良好环境

信息成为资源必须为人所用。我国幅员辽阔，农村人口较多，亟须采取措施营造多渠道、多方式、多终端的方便公众获取信息资源的良好环境，包括：

1. 开发多元化信息共享渠道

充分利用现有邮政、电信基层网络提供低价互联网服务；在偏远农村设立公共网点，在邮局、图书馆、就业办事处等地点设立专门机构传递信息产品；提供多元化接入手段，如在宾馆、饭店、机场的公用电话上设专门的上网接口；提供网络、手机、触摸屏、电脑、数字电视电话咨询中心等多种手段，并考虑特殊人群的信息需求。

2. 宣传教育与人才培训

建立、完善以高等院校为主体，政府、企业和社会多渠道培养信息化人才的格局。加大对基层群众教育的财政投入，加快建设贫困地区的图书文化事业；重视信息人才培养，发挥各级各类教育培训机构的作用，开展相关知识与技能培训；建立信息人才正常的流动环境；加强宣传，增强国民的信息意识，提高国民的整体素质。

## 二、21世纪信息资源的开发与发展趋势

由于信息资源管理只关注对显性知识（如记录型和实物型的资源）的管理，而对隐性知识的管理不力，大大限制了信息资源管理效能的发挥。另外，信息资源管理的管理对象是人类智力劳动的成果——信息资源，它无法对人类的智力劳动即学习和创新过程进行管理。当人们意识到信息资源管理已经不能满足日新月异的环境变化时，产生了知识管理。实现知识管理的大背景在当今社会已经具备，一方面，资源的稀缺和人类需求的增加迫使人们去寻求一种新的形态，来满足人类经济发展的需求；另一方面，在知识经济时代，各种隐性和显性的知识资源本身也成为人类宝贵的财富，知识经济的特征是创新，知识管理的核心也是创新。这些背景条件都促使着知识管理的产生与发展。

目前，信息资源集散地图书馆正面临着两种发展现实。一方面是以计算机技术、网络技术所带来的数字化资源为标志的数字化图书馆迅速发展，并成为图书馆发展的热点。另一方面是以纸质文献为主要馆藏的传统图书馆，虽然受到数字图书馆的冲击，但仍呈现繁荣发展势态，于是就出现了传统图书馆与数字图书馆并存发展的局面。

电子化、数字化是目前社会发展的一种大的趋势。所以，为了更好地开发图书馆文献资源，数字化图书馆的出现是一种必然趋势。数字图书馆是以收藏电子期刊为资源，以计算机技术为标志的电子刊物，是信息社会文献载体的形成、发展、进化的必然产物，是一种新型信息载体，具有优越性。首先，它使得信息的组织方式发生了巨大变化，不仅把信息和知识作为基本单元，而且能充分体现出这些单元之间的逻辑关系，为网络环境下的信息资源管理和开发提供支持。其次，这种方式使得信息传递的速度加快、范围扩大、内容更丰富，因此数据具有通用性、开放性、标准性。最后，它使得检索文献变得方便，而且易于复制，具有时效性。

要实现知识管理，必须调整传统的组织结构。传统的组织结构是一种纵向的线性的等级结构，这种信息交流方式有很多弊端，容易造成信息失真甚至阻塞，这种组织结构也缺乏应变能力和速度及效率。今天的信息流通已从线性传递发展到网状传递，要求实现"零距离""无摩擦"的快速无阻的信息传递，所以我们应该建立灵活的知识型组织体系，即扁平型网状组织结构，或者说，打破部门界限，只以知识服务为中心进行管理。另外，现代化的信息技术是实现知识管理的推进器，无论是处理显性知识还是隐性知识，它都将发挥巨大作

用。它不仅可以在硬件方面提供更高速的信息处理设备、更大容量和更高密度的存储设备，而且还能提供更加先进的信息处理方法和更大范围的、更为快捷的通信环境。

# 第五章 档案信息管理

## 第一节 档案信息管理的优势及安全问题

随着社会的不断发展,信息技术逐渐被运用到各行各业之中。作为单位管理中的重要组成部分,档案管理的信息化建设对提升档案管理质量、促进单位的可持续发展有着重要的作用。但是在当下信息化档案管理过程中受到诸多因素的制约,仍存在一些安全问题,对档案信息管理产生影响。基于此,本节针对档案信息化管理的优势与存在的安全问题进行探究。随着社会的不断发展,档案管理工作的作用与价值逐渐显现出来,而在信息技术迅猛发展的背景下,档案管理工作正朝着数字化、信息化的方向不断发展。相较于传统档案管理模式,信息化档案管理存在诸多优势,有效提升档案管理工作的有效性。但是在档案信息化管理过程中,仍然存在一些安全问题,对档案管理工作产生影响。因此,要想有效提升档案信息化管理的效率,需要明确当下档案信息化管理中存在的问题,结合有效的策略来提升其管理质量,进而促进档案事业的可持续发展。

### 一、档案信息化管理的优势

#### (一)提升检索有效性

在当下档案管理过程中,传统的档案管理方式针对档案搜索工作主要采用人工进行案卷、目录的查找,查找效率较低,并且质量不能被保障。而档案信息化管理可以通过档案管理软件进行档案资源的查找,大幅提升查找效率,并避免档案查找错误的现象发生。

#### (二)提升档案利用率

传统的档案存储管理,主要通过纸质的方式进行存储。这种方式需要通过人工进行复印归类和细分,档案管理人员的工作量巨大,并对档案资源的利用率产生严重的影响。而档案信息化管理则是以计算机为依托,实现档案资源的数字化转变,打破空间与时间的限制,实现相关人员的随时随地查阅,提升档案资源的利用率。

#### (三)便于信息的共享和传输

在传统纸质档案管理中,使用人员需要通过邮寄或者是传真的方式进行传输。虽然在一定程度上能够提高档案的安全性,但是其效率受到严重的制约。而档案信息化管理的建设,可以实现对档案资源的网络传输与共享,提升信息共享与传输的效率,同时减少相应的人力与财力的投入。

## 二、档案信息化管理中存在的安全问题

### (一)档案信息资源的真实性

在传统的纸质档案管理中,档案需要具备领导签字盖章以及单位盖章,可以有效确保档案的合法性与安全性。而信息化档案资源在使用过程中极易被修改和复制,这对档案资源的真实性产生严重的影响,降低档案信息化管理的安全性。

### (二)传输安全性问题

在档案信息化管理过程中,可以依托于网络技术实现对档案信息资源的高效传输。而在实际传输过程中,由于受到一些因素的影响,档案信息资源会出现被窃取、伪造以及损坏的现象,对档案资源的使用产生影响。

### (三)信息资源存储的安全问题

受到存储载体寿命、计算机软硬件设施生命周期以及管理平台稳定等因素的影响,使得信息化档案资源在存储过程中受到影响,进而发生信息档案资源损坏、丢失的现象。

## 三、档案信息化管理安全问题的解决措施

### (一)注重对信息档案合法性和真实性的提升

针对信息档案资源的合法性和安全性,各单位需要提高重视度,以实际情况为基础,采用加密技术来有效提升其档案的真实性与安全性。各单位可以以自身实际情况为基础,科学选择合理的加密技术。当下主流的加密技术主要分为两种,一种是对称类的加密技术,而另一种则是非对称类的加密技术。所谓对称类加密技术,就是指在进行档案加密过程中,所使用的加密和解密的密钥是相同的,此类加密技术运用的范围较为广泛,大部分单位档案信息化管理都选用对称类加密方式。而非对称类的加密方式是指针对档案的加密和解密,是需要运用不同的密钥。这种加密方式在实际使用过程中,对于加密的密钥,各单位可以选择适当的公开,而解密的密钥需要确保一定的保密性,需指派特定的工作人员进行管理。这种非对称类的加密方式相较于对称类加密方式,有着更好的安全性。通过加密技术的运用,可以实现对档案资源的有效存储,有效防止档案资源被肆意篡改和修改,提升信息档案资源的真实性。

### (二)注重对管理技术的优化

针对档案信息化管理而言,需要进行不断的革新和优化才能顺应时代的发展,满足单位

的实际使用需求，进而促进档案管理工作的可持续发展。因此，各单位需要对管理技术的优化提高重视度，针对信息化档案管理的各个方面加大投入力度，以此来优化档案信息化管理环境。当然，单位需要对监控技术与权限控制提高重视度，在实际优化过程中，需要对档案的访问用户进行身份验证，以此来避免非权限用户对重要档案资源的利用。访问权限的控制，可以对用户进行层次设置，针对不同层级的使用者提供不同的使用功能和服务，以此来确保档案资源的安全性。另外还需要注重对监控技术的优化，以实际情况为基础，对防火墙的建设进行不断优化，制定档案纯传输协议，对档案传输通道进行加密，以此来提升档案传输、共享的安全性，提升档案信息化管理的有效性。

### （三）注重对安全管理制度的健全

信息化的档案资源在存储、管理以及使用过程中，都存在档案资源丢失、损坏的可能。因此，针对此类问题，单位需要以实际情况为基础，对安全管理制度进行健全和完善，在实际管理过程中，需要明确责任落实到个人的制度，管理人员需要对管理环节出现的问题负责，档案制作人员需要对信息化档案制定环节出现的问题负责，使用人员需要对使用过程中出现的问题负责，以此来约束人员的行为，并引导相关工作人员认识到信息档案资源的重要性。需要制定相关维护人员进行定期维护的制度，以此来确保计算机软硬件以及管理平台的使用寿命，并避免相应问题的发生，进而提升信息档案资源的安全性，促进档案信息化管理质量与效率的提升。

综上所述，提升档案信息化管理的安全性，对提升档案信息化管理的有效性、促进单位的可持续发展有着重要的作用和影响。因此，在实际管理过程中，需要认识到档案信息化管理的重要性，明确当下档案信息化管理中存在的安全问题，结合有效的措施来提升其信息化档案管理的安全性，确保信息档案资源的安全性，进而提升档案资源管理效果，促进档案管理事业的可持续发展。

## 第二节 档案信息管理系统的设计

目前在许多单位中逐渐推广电子政务的应用，对应的信息化档案管理系统的构建也逐步完善，电子智能化成为未来各单位档案系统设计的目标。就目前而言，档案管理工作烦琐而复杂，传统的纸张式档案管理模式以人工为主，存在着多方面的问题，往往导致文件资料收集和管理工作的混乱，在手工进行整理编写检索的过程中，速度缓慢、准确率低、费时费力，另外在日常生活中对外部门查询资料原件频率较高，依靠传统手工方式借阅档案难免造成档案丢失或损坏，如此看来，传统档案系统工作不能有效发挥应有的作用。以此为出发点，本

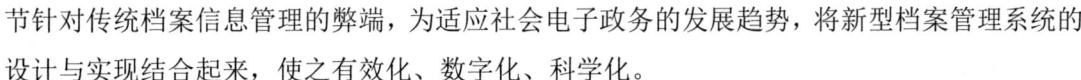

节针对传统档案信息管理的弊端，为适应社会电子政务的发展趋势，将新型档案管理系统的设计与实现结合起来，使之有效化、数字化、科学化。

## 一、档案管理系统内容

### （一）资料收集与存储

档案事关生产、发展等重大问题，因此对单位资料进行全面认真收集并存储是单位档案工作中的重大环节，只有建立行之有效的档案收集方法，完善档案存储机制才能确保档案管理的安全度。有力发挥档案部门的管理作用，更好地在行政工作中开展鉴定、保管、编研等下一步发展工作。

### （二）资料查询

目前网上的档案管理系统多用于登记或编撰工作，而实际查询、借阅功能鲜少用到，降低了档案在信息化时代的管理功能。随着"互联网+"时代的到来，单位对于数字化的发展迫在眉睫，档案管理工作的核心即档案信息资源查询的快捷化，当操作员在进行查询工作时只要通过计算机的检索便可得到直观效果。观察近年来档案管理的不断整合，越来越多的单位已完善局域网，不仅对资料能够快速地分门别类，且存储数据可以加以备份，方便日后查询或保存，提高管理安全性。

### （三）功能全面化

档案管理系统的目标是实现信息管理的自动化、有效化，档案管理服务于全体人员，为单位实现信息保存、考勤记录、单位考核、档案存取、出具证明等各项服务，另外还可以保存或修改人事资料，如个人信息、家庭情况、工作经历、职称评定等记录。除了针对单个员工管理，同样可以以部门为单位进行管理，增加、修改或删除部门，建立部门的联系方式、负责人名称等内容。

## 二、档案管理系统设计要求

单位的档案管理系统设计是为了规范内部档案管理工作，来提升信息使用的快捷度，从而提高单位整体管理水平，所以对档案管理系统设计的性能提出了更高的要求。具体目标分两类：第一，非功能性需求；第二，安全性需求。

### （一）非功能性

1.系统的反应速度。高效化已是当今社会发展的重要标准，单位档案管理系统的目标主要是能够实现管理工作的有效化，因此在系统设计中尤其是应用软件的编制中需要采用先进

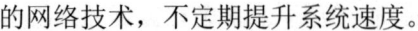

的网络技术，不定期提升系统速度。

2. 人机界面。合理舒适的人机界面能够使得操作者清晰快速地得到信息，最大限度发挥管理效率。

3. 系统高度融合性。档案管理系统在未来单位不断发展调整下，需要配合单位经济的步伐，充分考虑到系统的拓展功能，根据日常所需添加或删除有关功能，配置一套行之有效的升级系统势在必行。如遇到系统数据受损，系统可将自行备份的数据提取出来进行恢复和使用，能够集中维护受损数据；界面安排应围绕极简风格设计，提倡明确的有效图形引导操作，并设计部分高效率、高使用率的快捷键配合，实现一键操作模式；系统在设计之初需要充分考虑其延展性，包括软硬件的架构、架构升级、系统各部分模块设计、待管理模块的功能设计等，以及平台的灾备机制、拓展机制都需要初期的合理考量；系统数据格式在条件允许的情况下应保持与原有数据格式相同，以便提升后期数据交换的能力；系统在使用的过程中应具备一定的容错能力，针对用户的错误操作系统应进行智能化识别，自动引导用户操作正确信息。

（二）安全性

系统的安全性包括内外两大环境。外部环境安全主要是指机房环境、机房温湿度把控、工作人员的安全、网络软硬件设施等。就系统本身而言，最主要是关于系统的备份部分和防火墙的架设，以此保障软件系统能够提升可靠度和完整性，且在各类环境中都需要完善灾备机制，以便在突发状况时可以及时有效地应对处理。内部环境安全主要指在软件开发初期必须有专业人员对产品代码进行确认，保证软件后期使用的合法性，避免软件漏洞而导致授权用户出现无法使用的情况。在系统运行过程中，物理设施在具备良好的热备能力外能够提供操作员安全的数据备份和回滚机制，定期对数据信息自动备份。以防在数据丢失后还能最大限度找回原先备份，进行数据恢复。

另外在软件安全性方面考虑到数据的正确使用，需提供一套统一的保护方法，从三个因素切入：①容错性。上文提到当用户操作失误产生错误数据时，系统应提供给对方一定的正确提示，即软件容错机制，使用户能够重新验证进入。②安全环境。系统设计首要考虑前提应从多层次安全性出发，包括数据备份、防火墙、用户权限等措施，防止数据信息轻易泄露；对系统软硬件故障突发状况，需要增加相应的应急方式，保障网络处理的及时性。对系统外来未经授权的访问有相应阻拦，形成独立的安全管控机制，确保授权用户能够长期合理使用。③运行性。系统在初期理论设计中应具有抵抗非法入侵的考虑，物理层面做到无单点故障情形，并设定数据信息备份功能。系统在备份操作中应支持定期性主动备份和不定期手动备份两种方式，确保数据丢失或损坏的情况下最大限度地保留数据的最近记录，实现数据完整恢复。

## 三、档案管理系统设计

### （一）模块设计

一般单位档案管理系统主要包括四个模块：第一，用户身份认证，员工的账户与密码可由各单位提供或设定，在用户登录验证后即可进入单位档案管理的界面。第二，发文单位管理，即发表档案的单位相关信息。第三，现行文件管理模块，即已发布文件的模块、添加文字或图形的模块等。第四，历史文件管理，即查看历史过往文件。管理系统的四大模块均可应用网页动态达到效果。

### （二）数据库设计

这里所说的数据库主要指用户数据，用户数据包括用户名与密码，即单位档案管理部门工作人员的相关信息。工作人员进入管理页面前需身份验证，通过后方可进入管理文件。当用户正常登录时为保证其安全性，会话控制对象中通常会使用一个变量保存相应的用户名，如用户非正常登录时，用户栏变量为空，页面转为强制登录界面。

文件数据，包括一般属性和附加属性。一般属性包括档案信息建立与归档的时间、信息名称、信息字号及相关类别。附加属性包括档案文件类型、文件状态，即档案文件按照图形或文本的形式提交，文件公开或保密的形式保存。

一般单位档案信息都是繁杂而随着时间不断累加的，如果档案文件的呈现都以文本的形式经人工管理，那么管理工作效率必然会降低，档案的服务性、便捷性很难全部发挥出来，因此我们需将管理档案系统与现今电子科技发展有效结合，通过源文件扫描后整合为电子数据上传保存即可。

### （三）系统设计

档案管理系统中各项元素均通过不同的动态网页来实现，档案工作管理人员、档案用户与档案管理系统、后台数据库之间的交互实现了单位管理和文件管理的作用。添加和修改页面一般较为相似，其中数据控件在修改页面中为初始值，而在添加页面中显示为空值，因此两个页面可以在同一页面中实现，而区别引用具体的页面时可使用 LIRL 后的查询字符串。工作管理人员在操作管理档案数据的同时，同样需要注意一些问题：如管理人员提交完整的数据前需在客户端验证，保证数据的准确度，待数据提交后需要再次验证确保数据无覆盖。

另外对相关图形文件操作时需要处理一些问题：

第一，对图形或文件的修改，这一部分是文件管理中较难处理的环节，修改时通常会上传新图片，与原先图片同时显示，但新图片的大小和数量并未完全确定，这样就会造成档案管理界面排列错乱的现象，因此该档案系统中只有删除图形或文件的功能，而没有修改功能。对于添加图形文件的功能，我们无法确定图片数量和大小，即不能把握文件上传的数量，这时我们可以选择进入添加文件的页面，向服务器提交一份有关图片等数量的数据文件，而服务器通过数据传递生成相应数量的文件进行上传,我们通过计算机程序从数据的显示中分离出图片具体信息或使用特定的文件上传到组即可。

第二,客户端验证,针对此问题我们采用 Microsoft Visual InterDev 作为系统开发时的工具,通过服务器端脚本实现客户端脚本。Microsoft Visual InterDev 工具对某对象的属性方法可自动处理,加快了编程速度,提升了系统准确度,同时能将档案中的某些关键点作不同标注显示,在阅读中带给人们便捷性。

### 四、档案管理系统设计意义

档案管理系统设计对任何单位来说都有非常重要的意义,在档案中可以查看单位过去发展的任何重要节点,因此档案管理系统的设计和更新不仅能够提升单位工作管理的效率,而且作为一份参考依据能够在未来的决策中起到至关重要的作用。研究单位发展与信息资料间的关系,需要通过信息数据的梳理,将业务过程产生的成果进行梳理编辑成为电子文件形式,替代传统纸质文件,避免容易丢失或破损的情况,为单位和个人提供更快捷的服务功能。进一步来看,实现电子化文件的管理,需要依托良好的网络基础环境,同时建立单位实物归档资源与电子归档资源的从属关系,电子化管理补充实物管理的弊端,是实物资料归档的索引数据,增强了数据中心的权威性。对于一套完整的档案管理系统设计,首先要实现安全性,档案信息系统中往往记录着单位内部重要的相关信息,如管理系统有漏洞,人员管理不到位,则可能导致单位信息的泄露,给单位的发展带来不可估量的损失。总之,档案管理系统与电子科学技术两者间的关系是发展现代化档案系统设计的重要的目标。

档案是单位在社会再生产活动的过程中形成的具有使用价值的相关材料,是一个单位的重要信息库。在国外,档案管理信息化已在众多发达国家中得到广泛推广,逐步实现了传统档案信息的现代化转变,并进一步思考在电子系统设计的基础上做更深层的探究。反观国内,在众多类型的单位需求前,档案管理系统仍然是管理工作的弱项,档案工作管理繁杂而庞大,在进入 21 世纪后,国家提出了档案信息化建设的基本内容和要求,为档案系统建设注入了一股强大动力,也是我国档案管理系统挺进现代科技化道路的里程碑,逐步促使档案管理系统与先进计算机技术相结合,全面发挥档案管理的作用,同时对档案管理工作的规范有长远意义。

## 第三节 大数据时代档案信息管理

大数据时代对相关单位的档案信息管理工作的要求越来越高,档案信息管理工作需要有更专业化水平的人员来管理。基于此种背景,相关管理工作者需要优化管理的方式,完善管理制度加快档案的管理工作的进度,有利于不同单位信息之间的高速运转。因此,本书旨在对大数据时代下我国档案信息化管理的现状进行分析,剖析其中存在的问题,提出相应的解决措施,为档案信息化管理日后的发展提供借鉴参考。

在大数据环境下,我国档案管理工作发生了一定变化,其中包括理论和体制变化,一些新的管理理念逐步产生,档案信息的安全性和服务性有了进一步发展。从服务模式的角度看,档案管理工作的服务对象和内容发生了重大变化。从档案保密的角度来看,最明显的变化在于档案保存模式、经济保密和技术创新上的变化。在这一阶段,我们必须明确大数据时代的到来只是时间的问题,接受档案管理的变革是不可避免的趋势。因此,档案管理部门应探索更加科学有效的资源收集整理方式,运用更先进的信息采集手段扩大数据容量,扩大基层群众的档案资源范围,只有这样才能更好地为人民服务,开展档案管理工作。

## 一、大数据时代下的信息管理工作状况

所谓的档案信息管理,指的是利用现代信息技术,以档案资源为管理对象,实现档案管理现代化的过程。在大数据和移动互联网高速发展的时代,先进的信息管理技术得到广泛应用,档案信息化管理不单是为了适应社会的信息发展,也是对信息档案资源进行保护的另一种途径。不断推进档案的信息化管理,对提升各单位的档案管理水平有一定意义。

档案信息管理是大数据时代的基本要求,档案管理数字化存储、档案信息网络化传输、智能化技术开发等,都是档案信息资源在各单位中的具体作用。大数据所运用的信息管理模式与以往相比有很大的不同,它完全由数据主导线索,以一种自上而下的方式来发掘数据。而传统的信息管理方法需要先设定研究方向,相比之下,大数据时代的高效性得以显现,通过寻找数据中的内在价值,发掘其与相关技术的联系,根据相互关系建立模型。在这个过程中,人们不仅可以得到相应的理论知识,还可以更新思想认识。相比之下,传统的信息管理模式无论是从经济理论还是社会经验来看都无法适应发展。大数据时代的出现,对于传统的研究方法是一种巨大挑战,目前的信息处理工作已经做得很好。信息管理的过程应适应社会的发展需求逐步变得严格起来。随着大数据时代的发展,人们并不会仅满足于此,还将逐步提升其管理的要求。

## 二、大数据时代下各单位档案信息管理工作存在的问题

### (一)一些单位的管理意识不强

档案信息管理是各单位运转的重要组成部分,但受传统观念影响,档案管理只是可有可无的内容,很多管理者并没有将更多的工作重心放在档案的管理上,管理意识并不强,不仅导致档案管理只停留在简单的总结上,而且导致许多档案管理者对档案管理人员的招聘要求

不高，档案管理效率自然也就无法提高。档案管理者只是简单地将信息整合起来，然后输入计算机中，认为信息管理只是一种档案网站的建设，没有对档案信息管理工作进行系统性的规划。相当多的单位虽然在表面上响应政府的要求进行信息管理整合，但在实际上并没有采取具体的改进措施，因此不利于各单位档案管理工作的开展。

### （二）档案信息中的数据要求不高

与以往的档案信息管理模式相比，大数据时代对数据信息要求越来越严格。同时，数据采集技术的发展使人们所能获得的数据逐步从原先的宏观数据转移到中观层面中的数据上，又逐步向微观层面上转移的趋势，在这个过程中，个体数据所能获得的价值信息越来越高。随着大数据时代的到来，各单位面临许多挑战，但机遇与挑战是相辅相成的，人们因此可以深入更深的层次领域探索和获取他们想要的数据。这些数据在之前是人们不可想象的，因为这些数据不只是片面的数据，更多的是完整和具体的数据，改变了之前不能获得具体数据的境况，而这些获得的数据对个体的发展有更大好处，与个体的感知相符。这在宏观数据时代是遥不可及的事情，从这也能看出档案管理中数据的重要性。

### （三）档案信息管理工作者的素质不高

要使档案信息管理的工作得到进一步发展，就需要有具备专业知识的人才进行管理，这也是档案信息管理工作顺利发展的基础。受经济环境和各种发展因素的制约，一些实力较差的单位对人才的吸引力并不大，在这些单位中，档案管理者的素质不高，他们所能做的仅是将各单位的档案进行简单归档整理，将纸质信息变为计算机上的数据信息。但在实际上，档案信息的管理不仅将信息进行数据上的转化保存，更多的是在此基础上对信息进行有针对性的筛选，将有用的信息留下，摒除无用的信息。在这种情况下，还需要有更专业的信息管理工作者对档案信息进行总结整理，以提高单位的工作效率。

### （四）一些单位档案管理的基础设施落后，没有专业的信息知识库

在大数据时代，档案的信息化管理水平和管理模式得到一定发展，档案数据的存取更加方便，信息管理的效率得到有效提高。但档案信息化的管理不仅需要投入较多的人力与物力，其所收到的效果也不是立竿见影，需要有一段积累的时间。有些单位对此在基础设施上的投入并不多，导致很多信息化管理设备落后，所拥有的管理软件功能低下，相应所得到的数据相当不完整。档案管理人员不仅要学会主动收集资料，还要注意资料的整理和汇总，通过建立专门的知识数据库，时刻对单位的档案活动进行总结，以实现各单位的快速发展，才能进一步充分调动信息管理工作者的工作积极性。

### （五）档案信息化的管理制度并不完善

为了保证各单位档案信息化的规范化，制定相应的管理制度就显得越来越重要。目前，一些单位的档案管理工作依然延续以往的管理制度，而传统的管理制度本身就存在缺陷，管理体系并不完善。在档案的收集、整理以及保管等服务的制度上，缺乏规范化和集成化的体

系，制度明显有些分散，不利于各单位形成档案信息管理的规范化和社会化的进程。

## 三、大数据时代推进各单位信息化管理的方法

大数据对人们的生活方式产生了重大影响，促进了社会转型。随着大数据时代的到来，在档案管理过程中，人们对于档案信息管理又有了新的认识，给相关的档案管理技术提出了更高的要求。作为一种历史信息载体，说到底，档案其实是一种数据象征。档案的信息化管理是一种利用现代技术对信息进行收集、管理并统计的一整套过程，提升档案的前端控制，适时地提高档案信息的管理水平，这是大数据时代必然的发展趋势。

### （一）转变传统观念，增强单位档案管理意识

档案是一种宝贵的稀缺资源，要提升档案的价值以及相应的服务质量，档案管理就显得十分重要。大数据时代，各单位必须转变传统的档案管理观念，正确认识档案管理工作的意义，把档案作为一种宝贵财富和最宝贵的资产，将其提升到一定高度。同时，我们必须树立大数据、大文件、大服务的新理念，利用现代技术加快档案数字化处理以及服务平台的建设，有效振兴现有档案资产，对档案所存在的资源进行深度发掘，放大档案使用功能，加快档案管理信息化和现代化的转型。

### （二）发掘档案管理所存在的内在意义

随着大数据时代的到来，各单位所产生的数据越来越多，对于各单位的档案信息管理不能再像之前一样只是对数据进行整理，而是要对档案的实质内容进行发掘，提取里面有价值的信息内容。尤其在信息化时代，各单位更应该提升对资源的利用程度，将信息的价值资源最大化。从另一方面来看，档案管理工作其实也是对知识的一种管理，所以各单位要实现档案的信息化管理，必须提升单位的知识管理水平，整合档案数据信息的价值资源。

### （三）提升单位管理人员的管理素质

档案管理工作的高效性，与档案管理人员的素质有着不可分割的关系。档案管理人员要更新观念，时刻学习新兴的知识技术，适应单位发展要求。相关单位工作者需要培养具有创新意识的管理人才，探索新的管理工作方式，了解档案管理的规律，不断丰富自身的知识，只有做好创新，才能跟得上时代脚步。可以说，创新是单位之间竞争的重要因素，管理者应努力提高自身素质，注重培养自己的创新能力，积累工作经验。

### （四）优化档案信息知识库

随着大数据时代的到来，对于档案信息管理的要求也越来越高。档案以数据的形式存储在计算机中，便于查找、存储更加方便。相关人员在对单位的档案进行管理的过程中，要注意计算机的安全性，及时维护、数据备份加强计算机系统的维护，通过计算机的便捷性对数据进行分类和整理，让档案信息发挥更大的作用。

### （五）完善档案信息管理的相关制度

提升单位档案信息管理水平，首先就需要对管理制度进行完善。相关单位在建立档案信息管理系统时，应根据实际情况并借鉴其他先进经验和实践经验，不仅要建立和完善电子归档存储系统、数据档案管理维护系统，更应该把重点放在加强档案信息系统安全上，以保障数据的完整性，提高档案的社会服务能力。此外，进一步完善数字档案工作的检查、考核和评价制度，增加相应的激励机制，调动档案信息管理人员工作的积极性，全面提高档案工作质量，有利于提升单位档案信息管理的效率。

大数据时代，相关管理者应该转变观念提升档案的管理意识，吸引更多的专业人才加入档案管理的工作中来，不断完善档案管理的相关制度，将档案信息管理工作提升到一个新的高度。

## 第四节　数据挖掘技术与档案信息管理

随着经济的快速发展，科学技术的发展速度也进一步加快，而计算机网络技术在社会生产和生活中的应用也越来越广泛。网络信息技术的应用，一方面改善了人们的日常生活条件，另一方面也有利于社会的发展进步。计算机技术中的数据挖掘技术，在各个领域都有比较广泛和深入的应用。本节旨在介绍数据挖掘技术，使读者了解其在档案信息管理系统中的应用。

在科学技术飞速发展的推动下，网络信息技术不断成熟、完善，其应用领域也越来越广泛。在日常生活中，利用网络计算机技术收集整理信息的效率日益提升。在工程开发、科学研究、政府办公、商业管理等领域，都有与其行业相关的数据库。数据库的建立，在很大程度上为各行业的工作提供了便利，但也存在一定的问题。数据库内容丰富，包含所有与行业相关的信息，而实际上，各行业对数据库知识的理解和掌握都不够，在分析和处理数据时，很难获取所需的有用信息。在数据库管理中应用数据挖掘技术，解决了知识的缺乏问题，提高了信息获取的可用性和准确性。

### 一、数据挖掘技术概述

数据挖掘是从数据库中获取所需信息的一个过程，数据库中的数据内容丰富，但具有一定的随机性，不够完整。利用数据挖掘技术所提取出来的信息，大多是数据库中的隐性信息和潜在信息。计算机技术在计算机的普及下，不断发展创新，数据挖掘技术作为计算机技术的一种，应用最为广泛。数据挖掘技术是基于统计学和人工智能技术而开展的一种应用技术，通过人工智能的自动化技术，对现有数据进行深入分析，通过进一步的推理，提取挖掘所需的潜在隐性信息，为相关决策提供有效依据。

数据挖掘技术形成于20世纪后期,在发展初期,其应用领域相对比较小,所采用的方法一般为关联分析法、序列模式分析法、分类分析法、聚类分析法、孤立点分析法。关联分析法是通过缩小数据范围,在频繁出现的数据信息中,根据信息之间的关联性进行数据整合。序列模式分析法是根据数据的模式和过程,分析出数据之间的潜在联系,与关联分析法在目的上一致。分类分析法是通过确定具有典型特征的数据模型,以此为依据分类识别未知数据。聚类分析法是根据特定数据分析对象,找出数据之间的价值联系。孤立点分析法是通过挖掘数据库中的特殊数据,对影响设备运行的这些孤立数据进行处理。

## 二、数据挖掘技术的形式

数据挖掘技术的形式包括分类、相关规则和粗糙集。

分类是数据挖掘技术的关键,数据的属性分析以及数据收集的质量,都与分类密切相关。分类是通过分析数据属性,根据不同的类型对元组进行划分的一个过程。在元组划分的具体过程中,会形成相应的数据训练集,以此作为划分和处理部分数据的依据,而另外的部分数据则需进行测试,根据测试结果按照相应的规则进行分类。在实际的分类过程中,需要确定分类的范围,分析出目标的属性,形成数据训练集,对数据属性进行研究,选择合适的算法进行分类计算,根据测试结果选择相应的测试集,验证测试数据的分类规则,最后输出分类的规则。

相关规则在数据挖掘技术中,是一种比较简单实用的形式。相关规则能够准确地描述有关数据的信息特征,对数据的分析比较严格。在使用相关规则的过程中,主要是通过描写具体事物,结合这些事物之间的相同属性在概况总结中呈现事物之间的相同属性和模式。关联规则通常会在数据库中得到直接应用,对各个事物的相应数据进行统一记录,一方面保证数据记录的准确性,另一方面,也缩小了搜索数据的范围,从整体上提高了系统的运行效率。

粗糙集在数据挖掘技术中的应用,主要是作为一种数学工具,用于研究不确定和不精确的数据信息,在整个系统中有明显的使用优势。粗糙集在实际使用过程中,不需要了解相关信息,运算方法简单且容易操作。粗糙集可以发现数据库中的异常数据并对其干扰进行排除,通过分析这些数据的相同规律,以表格的形式进行整合,最终形成可供使用者进行参考的决策表。另外,应用粗糙集可对数据库中不确定的数据信息进行处理,提高数据挖掘的效率。

## 三、数据挖掘技术的应用

### (一)应用方法

档案信息管理系统中数据挖掘技术的应用方法包括档案分类法、档案收集法和档案保留法。档案分类法是根据一定的分类标准,对档案信息进行分类整理的一种方法,通过分析档案的属性，将具有相同属性的档案进行归类整理，在数据挖掘技术中应用档案分类法，可以将所有的档案按照类别进行详细地划分，管理员可以此为依据对档案进行分类管理，提高档案检索的速度和效率。档案收集法是通过分析和描述数据库中的有关数据，建立可供使用的模型，对比测试样本和模型，将与测试样本相同的模型作为档案分类的依据。档案保留法是针对老员工流失，所采用的一种控制档案流失的方法，在某些单位，新员工的使用成本远远高于老员工，因此要控制老员工的流失，就需要了解其流失的具体情况，通过详细地分析，针对档案流失的原因，采取有效的解决措施，改善档案流失情况，从而留住老员工。

（二）应用意义

在档案信息管理系统中应用数据挖掘技术，一方面加强了档案信息的安全管理，提高了档案的使用服务水平，另一方面也提高了档案信息的管理水平，节省了档案管理的费用。档案信息一般实用性比较强，有一定的实际价值。这些档案信息大多具有重要的历史意义，其价值会随着保存时间不断提高。而在这些档案价值提升的同时，相应的使用频率也会越来越高，这在一定程度上对档案的保存工作造成了困扰，频繁使用必然影响档案的保存寿命。对于保密性比较强的档案，使用范围一般比较小，不易出现问题，但在监控上的疏忽会使机密外泄。数据挖掘技术在档案信息管理系统中的应用，解决了档案保存和使用之间的问题，有效强化了档案信息管理的安全性。通过运用数据挖掘技术，可以详细分析档案的使用情况，根据其使用目的，增加部分档案的使用价值，从而提高这些档案的使用服务水平。

另外，在档案信息管理系统中应用数据挖掘技术，改变了传统模式。档案信息管理系统不断发展和完善。应用数据挖掘技术，减少了不必要的时间，使处理档案信息数据的速度加快，管理人员的工作水平和效率得到相应的提升。档案鉴定作为档案管理工作中的一个重要内容，通过运用数据挖掘技术，有效避免了档案的流失，促进了档案鉴定工作的顺利进行。数据挖掘技术基于科技的发展和进步，应用日益广泛和深入，在各个行业的数据库管理中，表现出明显优势。数据挖掘技术中的分类、相关规则和粗糙集，都是重要的数据分析形式。另外，档案分类法、档案收集法和档案保留法，也是档案信息管理系统应用数据挖掘技术的有效方法。在档案信息管理系统中应用数据挖掘技术，突破了传统管理模式，有效解决了档案保存和使用之间的问题，降低了档案信息管理的成本，也提高了档案信息管理的水平和效率。要实现数据挖掘技术的普遍应用，还需相关人员不断了解和掌握技术知识，提升技术应用能力，从而更好地为档案信息管理提供服务。

# 第六章　图书馆档案信息管理

## 第一节　图书馆档案管理信息化建设

在经济社会快速发展以及科学技术不断进步的新形势下，人们的日常生活和生产中所应用的各种互联网、信息化以及云计算等先进技术也越来越多，对于图书馆中的档案管理工作来说，也需要做到与时俱进，不断推进信息化建设来实现档案管理工作质量和效率的提升。先进的信息技术在图书馆的文件管理中的应用，不仅可以避免各种内容的失真和损耗等问题出现，还方便读者通过信息化平台对电子档案信息或其他所需要的资料进行快捷地查询。

图书馆的档案管理主要分为图书管理、信息查询、流通作业以及系统维护四个板块。在图书馆的档案管理工作中融入信息技术，利用先进设备能够确保档案管理工作流程的简单便捷，节省很多人工成本和时间。图书馆档案管理的信息化建设能够增加图书馆资源的共享价值。将大量的档案资料以数字化的形式上传到图书馆的网络平台上，实现数据和服务的检索，改变管理人员被动的管理方式，同时还能使更多的读者使用电子档案，不仅实现了资源的共享，还方便了读者的查阅，在一定程度上提升了图书馆的社会影响力。

### 一、图书馆档案管理信息化建设必要性分析

在目前信息时代快速发展的趋势下，在图书馆档案管理工作中进行信息化建设工作的开展是信息时代发展的必要趋势之一。在目前信息时代的快速发展的过程中，开展人工方式记录管理的传统方式，已经不能满足档案管理在信息爆炸的时代下的要求，会存在记录易出错、文件丢失和纸发霉、油墨脱落等问题，还要占用专门的档案室来进行纸质档案的存储，容易由于火灾等事故而造成档案毁灭等问题。而通过图书馆档案管理中的信息化建设，则可以实现在互联网平台上对庞大的档案信息的存储，不仅不会出现上述问题，而且只需要做好对计算机系统设备的保管即可。通过此计算机平台，还便于读者进行图书和档案信息的快速查询，也可以快速定位图书所放置的位置，以满足读者的阅读要求。同时通过此信息化建设还可以实现档案信息的共享，便于用户从不同位置和方式登录平台进行便捷的信息获取，实现读者阅览时间和管理人员工作量的减少，实现档案管理效果的提升。

图书馆档案管理的主要内容，就是对人事档案、文书以及业务和设备等档案进行管理。其中的人事档案不仅包括图书馆用户的相关资料，还包括各种图书的借阅情况。文本档案则主要有上级领导所下发的工作文件以及会议纪要、工作总结、工作计划以及向上级机关所发送的请示文件等。业务档案则主要有本部门日常活动的开展情况，以及业务完成情况等信息。最后的设备档案则主要有图书馆设备的等级、核对和维修等情况，以及报损、报废物品的核实登记信息等。

## 二、促进图书馆档案管理信息化建设的对策分析

在目前的图书馆档案管理中已经逐步在开展信息化建设，而且也取得了一定的成效。但目前在开展上述工作的过程中，发现了缺乏信息化管理意识为主的问题，显示出此平台应用中这样或那样的情况，导致没有充分发挥开展图书馆档案管理信息化建设的优越性。也就是出现了目前开展图书馆档案管理中的人工纸质档案管理以及电子档案管理的交叉管理模式，这更是增加了工作量以及经济投入。此外，还有目前在安全信息平台方面的问题，不仅是因为缺乏平台的建设投资，还因为目前技术的限制造成的，出现了平台被黑客以及不法分子的恶意攻击以及篡改和信息泄露等严重问题。不仅如此，目前的档案管理人员中还存在对此种新型管理模式比较抗拒以及观念无法顺利转变的问题，加之其工作能力偏低且不主动进行学习，影响了信息化建设的进程和建设工作效果。因此针对上述问题，就需要通过以下措施来进一步推动图书馆档案管理的信息化建设工作的开展。

### （一）进行现代化的档案管理机制的制定

针对目前开展图书馆档案管理工作所依据的管理制度都已经编制和执行了较长时间的现状，在当前信息化快速发展的形势下，出现了制度与目前的档案管理要求脱节的问题。因此就需要针对原有制度中出现脱节问题的内容进行删除，然后结合当下信息时代的档案管理要求来对管理制度进行重新编制或者是改进、完善。其重点就是，在开展上述制度的重新编制或改进之后，保证此制度中明确说明档案信息化管理工作的内容、标准以及安全管理等内容，降低信息化档案管理的风险，提升管理效果。在图书馆档案管理信息化的建设过程中，要建立完善的档案信息化管理制度，需对具体工作进行规范化要求，确保管理人员能够按照相关制度进行工作，要保证档案管理工作的有法可依，促进图书馆档案信息化管理的有效开展。要充分结合形势变化对管理制度进行适当调整与改进，避免一些不必要的问题发生，不断增强档案信息化管理工作的效果。要针对档案管理工作制定出科学合理的奖惩制度和监管制度，将工作职责明确到个人，充分调动管理人员的工作积极性和自觉性，使其能够做好档案信息的存储、整理等工作，使图书馆的档案信息化管理能够得到真正落实。

## （二）加强对信息化管理意识的培养

针对目前档案管理部门中的负责人以及相关工作人员来说，需要逐渐接受信息化时代下的新型档案管理的理念和模式，转变传统的管理思维，增强信息化管理意识。上级部门需要提高对信息化建设的重视，加大资金投入来推进信息化建设的顺利开展，并保证信息化管理的安全性，还要投入大量的人力来进行相关技术和规章制度的完善，为档案管理的信息化建设以及档案信息化管理工作的开展提供一个良好的管理环境。

## （三）加强对档案管理人员工作能力的培养

在目前针对图书馆档案管理不断开展信息化建设的过程中，管理工作方式有了较大的改变，需要管理人员不仅具有丰富的信息技术知识和管理知识、经验，还要具有较高的工作能力和职业道德素养。因此就需要吸收和录用一批优秀的管理人员来组建一支高水平和高能力的管理团队，带动其他管理人员积极主动对计算机信息技术知识以及新型管理知识的学习，推动图书馆档案管理信息化建设的有效开展。

我国各项信息技术在快速进步，并推动信息时代的发展，图书馆档案管理工作，传统的人工管理和纸质管理方式已经无法满足目前越来越庞大的档案管理信息的现代化管理要求。因此，有必要开展这一信息化建设，而由于开展上述建设中显示出这样或那样的信息管理问题，需要完善的现代档案管理系统。同时，还要从管理人员的意识、能力等方面进行逐渐培养，实现上述管理水平的逐渐提升。

## （四）结合纸质档案资源进行信息化管理

虽然图书馆的档案管理工作在向着数字化和信息化的方向发展，但管理者也要充分认识到纸质档案的重要性。纸质档案是馆藏资源的主要形式，具备一定的法律效力，要有效结合纸质档案资源来全面增强图书馆的整体运营效果。部分图书馆会因受到某些因素的制约而不具备数字化设备，对于此类的图书馆来说便可利用纸质档案资源作为信息化档案的补充。信息化的档案要通过专业设备将纸质档案资源转换为电子的形式，然后固定和存储在特定的载体中，这尽管具有一定的便捷性，但必须通过计算机才能读取出来，而纸质档案资源本身是不受这种限制的。

## （五）积极运用云计算技术

云计算技术作为数字化时代中的先进技术，将其运用到图书馆档案的信息化管理建设中能够有效提高档案管理质量。云计算技术可以为读者带来更加优质的服务，实现对某一个区域的服务平台构建，为图书馆的数字化资源建设提供助力，促进区域档案信息资源的整合，打造出一个统一的资源共享平台。云计算技术还能够对档案信息进行合理规划，在极大程度上减少图书馆档案管理信息化建设的时间，为读者提供全方位的档案信息服务。

# 第二节 图书馆档案管理信息技术模式

21世纪以来,人类社会信息的记载逐渐从纸张时代进入到数字网络时代、信息时代。信息网络迅速向高性能和智能化方向全面发展,面对新形势和新变化,图书馆档案部门如何充分利用信息网络技术带来新的机遇,来发展档案管理技术,通过科学技术管理图书馆,逐步实现图书馆档案管理现代化,适应高校改革发展的新需求,我们必须要仔细研究。

图书馆的档案,对政策战略目标规划的制定和实施具有重要的参考价值。领导在执行决策、组织协调等多项职能时,通过比较图书馆档案,分析研究、总结经验、提出改善措施,对提高管理水平有极大的帮助。

图书馆档案充分反映了图书馆的历史、文化和内涵,是图书馆工作的重要依据,上级领导可以据此对图书馆进行考核,图书馆也可以此来评估馆员。

## 一、信息技术在图书馆档案管理中的作用

### (一)便于存储、容易保管

伴随档案数量的增加,依靠传统的方式,很难对档案进行存储和保管,使用计算机对档案进行存储和保存可以克服这些缺陷,不仅可以减少占用空间,而且可以永久保存。计算机的文件存储是软件或光盘等介质,都具有较大的存储容量,不容易损坏可以将原始文件的全貌,包括所有图形、视频存放在档案中,随时可供读者阅读。

### (二)丰富了档案内容

除了文字档案外,图片档案和音频档案也很重要。在过去,由于缺少设备和经费,无法对新技术进行探究,即使使用这些数据,记录的图像和磁带也具有明显的缺点,如果维护不良,可能导致文件信息丢失。在信息技术的数字时代,由于在文件管理中使用多媒体技术,这些操作都变得非常简单。一些原材料通过扫描仪可以储存在计算机上,可以说,所有需要保存的文件都可以以计算机文件的形式保存,而且,过去很难保存在档案中的一些信息也可以通过电脑进行轻松管理。

### (三)便于编制档案目录

在现代的档案管理中,有三种检索工具:案卷目录、文件目录和全引目录。在以前的文件管理中,只有两种类型的检索工具:文件级目录和案卷级目录。因为以前的目录编制需要手工进行,经过书面文件、文件目录,获得完整的指导目录,并且还需要再手写一次,工作量非常大。使用电脑编制目录的最大优点可以做到一次输入、多种输出,避免了大量重复的人工工作,节省了大量的人力、物力、财力,大大提高了工作效率。

### （四）促进档案管理跨越式发展和深层次挖掘

新技术可以有效提高管理效率，规范管理过程。长期以来，档案是实物性质的纸张，存在归档、保存和利用成本高，查询难度大，信息无法提取，无法共享等一系列问题。通过信息化管理，可以通过计算机和通信方式有效地解决这个问题。在信息技术手段的帮助下，深度挖掘档案所包含的信息，一些新技术可以应用于信息检索功能，在传统档案管理工作中无法实现智能信息检索和多维度检索技术，这些新技术的应用使得档案的社会和经济价值得到充分利用。

### （五）提升档案信息服务质量，实现档案信息共享

传统档案信息管理基本上是利用手工操作，对所有信息进行归档检查，而信息化管理的模式可以提供多种服务方式，使用计算机技术建立档案信息管理系统服务体系，与档案信息使用者之间设置高效、及时、直接的沟通方式，提供可靠、稳定和优质的查询服务，提高档案信息的服务质量。传统档案管理机构之间是互相孤立的，资源没有实现共享，信息技术的发展使这些机构之间进行信息共享，提升工作效率，特别是网络技术和分布式存储技术的应用，可以使各个档案管理机构之间的档案信息得到有效的整合，通过档案信息在不同机构间的重新划分与组织，从而逐步建立起各有特色、互为补充的档案信息管理体系。

## 二、信息技术在图书馆档案管理中的应用

### （一）实现管理思想的现代化

在过去很长一段时间内，由于传统的工作模式和思维方式的局限，使得图书馆档案工作者在思想观念上就很难将信息技术引入到现代档案馆管理工作中来。近年来，信息技术的快速发展对社会生活产生了巨大影响，档案管理工作者已经认识到，计算机和信息网络等已成为档案管理工作中不可或缺的技术手段和基本工具之一。因此，只有不断解放思想，重新思考，才能使档案管理工作向前发展。要实现图书馆档案管理工作的现代化，必须得抓住机遇，开阔视野，积极寻求档案工作同图书馆中心工作的结合点与生长点，在较高层面上来筹划图书馆档案现代化建设方略。

### （二）制度与文件管理要素改革

信息技术的发展极大地促进了图书馆业务系统的连续性，如果不在制度上对业务系统提出要求（如提出元数据的要求），可能使业务系统自然生成的电子文件无法长久进行保存。所以，文件连续体理论提出的整体系统思想是非常值得借鉴的。我国的电子文件管理中提出的全程管理、前端控制思想，就是对这种理论的合理诠释。但是，档案有档案的价值取向，对电子文件管理要素的管理，不能取代对档案的价值判断和档案的选择，特别是在信息扩张的时代，这一点显得尤为重要。目前，我国许多地方和学院正在建设信息中心，这种热潮的

基本出发点就是，对于分布在各个机构的业务活动中的电子文件进行集中管理，有的采取集中存储、集中利用的模式，有的采用备份中心的模式，有的采用存储目录、逻辑归档的模式。

### （三）工作服务方式的合理转变

在信息时代，档案馆使用新技术管理和利用图书馆信息资源，是我们的最终目标。在信息化时代，图书馆采用档案信息为读者服务，必须将传统的参考服务模式转化为智能服务模式，档案的智能化服务可以通过知识导航和知识咨询来实现。服务内容包括：①编研、检索服务。鉴于读者的实际需要，通过一定的检索方式，从大量文件摘要、目录、索引和正文信息等二次文献中找出有价值的文件信息提供给读者。②咨询服务。根据读者的具体特点，从档案馆中选择有价值的信息，定期并积极地向读者提供。档案信息服务通常是通过项目查询、跟踪服务和效果反馈这三个步骤，在网络日益发展的环境下，这种服务方式将得到广泛的应用。

### （四）档案人员应该努力提高自身素质

现代信息技术要求管理者的素质也跟上时代要求。为此，档案管理人员应注意提高自身素质，并努力培养网络服务需要的网络设计与管理人才、系统分析和设计人才、数据分析与开发人才。使他们掌握信息技术和信息知识，巧妙地使用数字技术、信息存储技术、互联网通信技术和多媒体技术；积极组织档案管理人员参与档案管理现代培训；掌握好档案管理人员在职培训、继续教育的具体情况，提高档案管理人员的知识结构和整体水平；加强理论研究，提高档案管理的理论水平。总之，使用计算机信息技术进行档案管理是档案管理工作发展的必然趋势，其优势可以随着信息的不断提高而不断得到发挥，充分发挥档案管理现代化的真正意义。所以在现阶段我们做图书馆档案管理工作的同时，要充分利用档案科技信息手段。在图书馆档案管理中，要不断树立信息服务意识和科学管理，要用现代化的管理手段去提供专业的服务，加快文件信息化进程，落实档案馆的使命。

综上所述，现代信息技术和通信技术的快速发展，图书馆档案管理模式也发生了相应的变化，网络化和虚拟化的特点越来越明显。突破传统的图书馆档案管理模式的限制，要立足于电子技术背景，对图书馆档案管理模型进行深入分析和研究。

## 第三节　基于互联网的图书馆档案信息化管理

随着信息技术的不断发展，人们的阅读方式发生了较大的变化，由原来的单一性向多元性转变，这无疑会为图书馆信息化管理工作带来较大的挑战。通过对目前我国图书馆档案信息化管理工作的调查发现，仍存在较多局限管理效率的问题，这势必会导致图书馆的服务质量较差，对于图书馆的持久性发展是极为不利的。为此，深入分析与研究互联网时代图书馆档案信息化管理的创新举措，显得越来越重要。

## 一、互联网时代图书馆档案信息化管理的问题分析

### （一）管理人员素质有待提高

笔者通过对目前我国各图书馆的调查发现，图书馆档案信息化管理过程中，总是凸显出一个共性问题，即一些管理人员素质较低。之所以存在此类问题，很重要的一个因素是一些工作人员从建馆初期就在图书馆工作，这些工作人员通常会存在思维守旧的情况，自然不具备信息管理的能力，甚至是在通过系统培训之后，仍存在知识结构不完善等情况，自然容易出现各种差错。如果这些管理人员的素质不能得以有效提升，将会局限互联网时代档案信息化管理的顺利推进。

### （二）图书馆信息化管理服务意识较为薄弱

图书馆档案管理工作面向的是广大读者，这是一项服务性较强的工作，但从实际的信息化管理实情来看，往往存在服务意识薄弱的问题。具体而言，一般表现在图书馆向读者开放资料的有限方面，这样就会导致一些价值较高的档案信息，无法以文献资料的形式呈现，使得图书馆的服务范畴不断缩小，为图书馆的可持续发展带来不利因素，使得图书馆档案资源的价值无法得到有效发挥。

### （三）图书馆档案信息化建设不够完善

目前越来越多图书馆的档案都实现了信息化建设，这无疑使得馆藏资料的查询与整理更加便捷，使得其档案信息处于有序管理状态，但同时也会凸显出一些问题。首先，缺乏统一的标准，此种管理背景下，各图书馆之间无法进行实时资料共享，数据的利用率不断下降。另外有些图书馆的设备更新速度较慢，计算机无法进行快速运行。其次，数字档案文件不具有稳定性与完整性，如存档时易出现人为修改与删除的情况，这无疑增加了图书馆档案信息化管理的难度。

### （四）资源利用率较差

图书馆信息化管理的目的就是给读者提供更为便捷的服务，不断提升图书资源的利用价值及利用率。但从实际的图书馆档案信息化管理的现状来看，图书资源的利用率较低，尤其是对于那些边缘化较强的图书资料而言，更被严重忽视，在管理系统中根本搜索不到，自然读者也没有阅读的机会。在信息化管理背景下，越来越多的图书馆开始对档案信息化工作进行不断的改革，虽然有了一定的改革效果，但如果从本质角度来分析，发现其仍处于在传统图书管理基础上来回修补的状态，和真正的创新管理工作方向不相一致。此种背景下，只会形成一个结果，即较多图书资源都处于闲置状态，并未得到充分利用，难以达成预期的图书馆信息化管理效果。

## 二、互联网时代图书馆档案信息化管理创新举措分析

### （一）提高管理人员素质

高素质人才是不断提升图书馆档案信息化管理水平的关键所在，这就需要各图书馆加强对管理人员素质方面的重视度，不断提升管理人员专业技能及服务意识。具体而言，可以从两方面来推进此工作：一方面要注重对高素质人才的不断引进，使得图书馆管理人员的学历层次不断提升，不断充实管理人员队伍；另一方面要加强对原有图书馆管理人员的培训，此培训需坚持"请进来"和"走出来"两大基本途径，即邀请专业人士开展系统性的培训，分批让图书馆的工作人员去深造。相信通过这样的有效培训之后，图书馆工作人员的综合技能及素质会得以不断提升，并且他们也会感受到工作给自己带来的乐趣，为图书馆档案信息化管理水平的不断提升奠基。

### （二）提升图书馆档案人性化管理水平

图书馆档案信息化管理既然是一项服务性较强的行业，那么就需要在明确以人为本价值理念的同时，遵循以人为本的工作理念，加强对用户实际需求的了解，在此基础上开展档案信息化管理工作，这样既能够不断增强工作人员的服务意识，又能够为读者提供更为个性化的优质服务，提高读者对图书馆工作的满意度。为了更好地达成互联网时代对图书馆档案全面信息化管理工作的实际要求，除了需要加强与用户的交流之外，还需要利用信息化档案资源管理系统对档案资源进行整理，这样才能够真正意义上不断提升档案信息化管理的质量。比如：每个图书馆都会设置微信公众号，在微信公众号平台中就可以增设咨询、推介等模块，并要配备合适数量的在线客服，这样只要有用户登录到本图书馆的微信公众号平台，客服就可以第一时间询问其需求，在交流后为其推送针对性的阅读资源，对其借阅流程进行指导，对用户的基本信息及借阅、归还等时间进行记录，在归还时间，对其进行提醒，以便于用户及时归还借阅资料。当借阅资料归还之后，客服还可以对用户的阅读满意度进行了解。此种工作方式既能为用户提供更为人性化的优质服务，还可以不断提升图书馆档案信息化管理的水平及效率。

### （三）合理运用云计算创建数字图书馆档案

想要确保档案信息化管理获得与时俱进的发展，就需要具有不断更新信息技术的意识。云计算是新兴起的技术，对之合理运用，必然可以提升图书馆档案信息化管理效果。云计算在近些年的图书馆档案信息化管理工作中运用得越来越频繁，也取得了较为理想的效果。图书馆在运用云计算创建数字图书馆档案的过程中，绝不能照搬别的图书馆的成功经验，而是要在深入分析云计算的背景下，将之与本图书馆的实情进行完美结合，这样才能够在借鉴其他图书馆成功经验的基础上，真正利用云计算来共享图书馆档案资源信息，促使档案信息化

工作的顺利推进，为读者与用户提供更为完善的档案信息服务。

**（四）提升图书馆档案信息化服务层次**

之所以建立图书馆，其目的是更好地提升民众的思想道德觉悟以此来提升国民素质，因而图书馆信息化服务的提升显得越来越重要，可以说其服务的提升程度直接会影响图书馆的可持续发展程度。具体而言，必须巧借信息技术来不断提升服务的准确性，并要秉持人性化原则来不断提升服务的质量。无论是从图书借阅流程、图书质量，还是提升读者阅读时的舒适程度，都必须做到以下三点：第一，持续不断地提升图书管理水平及工作人员素质；第二，搭建完善的图书馆与读者沟通桥梁，更好地了解用户的所思所想，提供针对性的高质量服务；第三，制定完善的图书材料审查制度，以此来更好地管理与推介边缘书籍，提升书籍的利用效率。

档案管理作为图书馆管理工作的重要内容，想要持续不断地提升图书馆的服务质量，以及促进图书馆的可持续发展，就必须注重图书馆档案的信息化管理，要在了解其问题的基础上，不断提出针对性、创新性的优化之策，这样才能够不断提升档案信息化管理的水平，将图书馆为广大用户服务的作用发挥出来。

## 第四节　数字化时代公共图书馆档案信息化管理

在全新的社会发展环境下，信息技术作为重要的技术产物，在一定程度上促进了社会形态的转变，使其逐渐趋于数字化发展。在城市公共服务领域，图书馆作为重点的服务机构，为人们的阅读提供了便利条件。为了促进城市公共图书馆更好、更快地发展，相关部门需要重点加强图书馆档案管理建设。以信息技术为载体构建数字化、智能化管理体系，从而促进城市建设实现深入发展。

### 一、公共图书馆档案管理数字化建设的意义

**（一）提高信息利用率**

在公共图书馆工作领域，档案管理作为重要的组成部分，其工作形式在很大程度上决定着图书馆整体建设质量。加强数字化体系建设，能够进一步优化图书馆管理工作。以信息技术为载体，对图书馆内部比较重要的档案信息进行扫描，将纸质的档案信息转化成电子档案，为管理人员提供便利的工作条件，保证档案管理工作更加高效。数字化管理体系不仅能够对管理环境进行优化，同时也能够为工作人员高效开展管理工作，提供良好的环境条件，从而

有效缩短工作时间，保证管理工作效率。最重要的是，能够有效规避传统人工管理模式下存在的弊端，比如档案信息出现纰漏等不良风险隐患。此外，通过数字化管理，能够实现图书馆档案信息的集成化管理，降低档案管理空间占有范围，从而有效控制管理成本。

（二）更有效地保存图书馆档案

通过公共图书馆档案数字化管理，首先能够迅速发现不完整或欠缺的文件材料，并通过各种途径予以补齐；其次可以修复公共图书馆档案中模糊褪色的字迹及污损、残缺的照片等，另外还能集中分散在各部门及个人手中的各种文件、数据等。公共图书馆档案数字化后仍能代替原件使用，数字化档案副本还可异地保存，即使发生"天灾人祸"也能最大限度保持档案的完整性，有利于保护档案原件，确保原件保存的永久性。

（三）提升社会化服务的质量

在信息时代背景下，针对城市图书馆加强档案管理创新与优化，能够提高档案信息的安全性，同时，也能够为人们进行档案信息检索提供便利条件。在信息技术的支撑下，构建完善性、全面性档案管理体系，能够优化档案管理工作性能，提高工作覆盖面和效率。不仅如此，还能为图书馆开拓业务、丰富档案管理空间和范围提供良好的技术支持。除了上述的优势之外，合理开发数字化管理体系，能够打破传统管理方式在时间和空间上的局限，让整个档案管理工作更加高效。

（四）提高档案管理工作效率

公共图书馆档案数量庞大，人工管理耗时、耗力。档案管理数字化的引入，使管理人员从繁杂的工作中解脱出来。利用计算机及网络技术可以快速完成档案管理工作，自动化程度更高。

（五）满足用户多样化需求

用户需求随着网络时代的推进也在不断发生改变，足不出户就能快速获得想要的信息是很多用户的追求，数字化的档案管理方式可以在很大程度上满足客户这一需求。通过网络共享信息，档案信息的流动不再受到地域的限制。新时代的社会讲究资源共享、信息共享，因此，在信息化背景下，为了让图书馆有更好的发展环境，相关部门需要本着资源共享的原则，对档案管理工作体系和具体的工作方式进行优化，从而为读者提供良好的阅读空间，方便读者根据自身的实际需求，合理地对档案信息进行智能检索，从而提升读者在图书馆中的阅读体验，促使图书馆获得更多读者支持。

## 二、公共图书馆档案管理数字化建设的方法

（一）积极完善相应的数字化配套设施

在公共图书馆档案数字化管理硬件建设过程中，工作人员应积极建设数字化设备体系，

主要包括计算机、服务器、交换机、视频音频信息采集设备、扫描仪等设备，还应积极跟踪相应的设备，考察其运行性能，保证管理工作的顺利开展。同时，工作人员还应积极检查相关的设备，及时升级落后的设备。设备是相关工作开展的基础，也是工作质量的保证。在软件完善过程中，工作人员应积极构建数字信息档案管理系统，保证系统的整体性。在相关工作开展过程中，工作人员首先应积极构建完善的信息接收系统、信息采集系统。

## （二）创新信息化档案管理模式

要改变档案管理模式，创新信息化手段，首先要优化内部档案网络的结构及系统，提升其性能，使其符合国家对局域网的要求，确保运行安全；其次是档案外网的建设，外网面向的是社会大众，有信息公开的要求，让公众可以感受到信息化档案管理带来的便捷与高效。但是对内外网的安全要求必须提高，采用科技手段进行信息隔离，确保信息的流通更加安全、稳定。同时要注意提升网络功能，大力推进数字化，不断创新档案管理的模式，全面实现信息化管理。

## （三）完善档案信息服务体系

及时准确地提供档案信息服务，是开展档案管理的一个重要目的，因此要着力完善档案信息服务体系，以信息化标准为基础，从公共图书馆自身情况出发并进行信息资源的补充，为跨库检索提供便利。在互联网环境下，使档案的目录、内容及编码呈现一体化。积极推进档案制度的建设，促使档案管理数字化更加科学规范，加大数字系统的维护与管理力度，充分发挥监控的功效，使数字系统的运行更加可靠。为了满足公众对信息质量的高要求，需要改变资源开发的手段，提升知识含量，使档案信息形成一个全面的体系，从而提升信息服务水平。另外，在主管部门的允许下，外包档案系统的维护工作，能够使其运行更加规范，公众在使用档案信息时也更加便利。

## （四）兼顾数字化建设与原文资料的发展

原义资料是对事物信息了解收集的重要资料来源，可以通过查询纸质资料、声音资料、影像资料等原文资料来收集信息。原文资料具有很高的准确性和考量性，因此，在建设公共图书馆档案数字化管理，创造数字化管理环境时要保证人们的原文资料阅读需求，尽力将两者融入建设中，保证阅读的全面性。将网络技术应用到公共图书馆的管理工作中，是时代发展的必然要求。所以应尽快改革，为人们提供更加人性化的使用和阅读体验，以丰富人们的文化生活。

## （五）建立公共图书馆档案目录数据库

档案目录是建设数字化档案的基础，是开展馆藏档案数字化工作的保障。作为档案信息查询的集散中心，目录数据库能够将检索框架体系化，做到层次分明、结构合理、严格规范

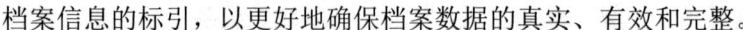

档案信息的标引,以更好地确保档案数据的真实、有效和完整。

### (六)重塑原文影像资源库

原文资料始终是一手资料。为满足人们在网上任意途径检索、查询后阅读原文的需求,将原文影像资源与开放档案用户目录数据库结合起来,能够保障数据资料的权威性和准确性,同时有助于满足不同阅读者的需要,实现公共图书馆数据资源的最大化利用。

## 三、公共图书馆档案管理数字化建设遇到的问题

### (一)没有充分认识到电子档案与纸质档案的关系

随着时代的不断进步,技术体系的不断更新,相关部门在发展城市图书馆时,开始重视数字化的建设与应用。但是,传统的管理模式在一定程度上仍然具有优势,这是不容置疑的。如果单纯为了数字化建设,而忽略了纸质档案体系的建设与发展,这对于城市图书馆的深入发展来讲是极为不利的。然而,在当前具体的档案管理工作当中,图书馆相关管理人员,并未对两者之间的关系形成正确的认知。

信息技术成为社会发展领域不可缺少的技术手段,在很大程度上改变了人们的生活方式。城市图书馆是为人们提供阅读环境的重要载体,在今后的发展中,要顺应信息化发展趋势,重点是档案管理的方法和平台的创新。合理引进数字化体系,实现档案管理的智能化和信息化,促进城市图书馆的长远发展。一味地推崇数字化管理,而忽略了纸质档案管理的重要作用,是当前图书馆建设与发展存在的弊端之一。所以,在今后的发展过程中,相关部门需要对这一问题加强思想重视,并着手解决,只有这样才能够促使档案管理与建设向着更好的方向发展。

### (二)档案管理数字化建设不完善

虽然目前城市公共图书馆在向数字化方向改革,逐渐用数字化技术开展档案管理工作。但是总体来讲,数字化体系的建设还不够完善和具体,导致档案管理功能受到局限,管理效果并不理想。国家在数字化管理体系方案上,并未明确设定规定和标准,导致很多城市、地区的图书馆建设工作存在一定的局限性。在档案管理方面,关于查询以及其他系统方面的建设,还存在诸多问题,一部分原因是,相关部门对数字化体系的建设未能形成准确的认知,在具体建设工作的执行上,还存在诸多不完善之处。如果相关部门思想上不够重视,将持续制约档案管理数字化体系的建设与发展,甚至在一定程度上阻碍城市图书馆的建设和发展步伐。所以,针对上述问题相关部门必须从思想上高度重视,并采取有效策略进行解决,只有这样,城市图书馆才能更好地发展。

### (三)数字化档案管理体制不完备

图书馆在档案管理工作方面的数字化建设与发展,之所以还存在一定的局限性,主要原因在于,管理工作具体机制和流程方面的建设还比较滞后,导致管理效果并不理想。相关部门对数字化体系建设缺乏正确思想认知,一味强调技术的更新,而忽略了技术手段的优化,导致档案管理体系在实际建设与发展过程中,与图书馆真实的发展需求存在一定差距。管理细节处理不当,也会增加档案管理风险,导致管理工作效率低下,管理效果存在明显的局限性。在数字化管理工作流程方面,图书馆相关部门并未进行明确的规范,导致管理人员在对档案资源展开管理工作时,因为缺乏正确的工作导向,导致管理工作趋于形式化。图书馆在档案管理工作创新方面未能够制定完善性的激励体制,导致管理人员在具体执行档案管理工作时,工作方法和操作手段并不合理,甚至呈现出随意化与形式化,严重制约了数字化管理功能发挥,导致档案管理效果不理想。

### (四)档案人员专业素质不高

在图书馆档案建设与发展领域,档案人员素质是决定管理工作质量的关键。然而,就目前来讲,在档案人员队伍建设方面,相关部门缺乏一定的思想重视,并未在图书馆发展和建设过程中对人才素质提出全新要求。导致管理人员管理思想薄弱、管理素质低下,在很大程度上限制了档案管理工作的顺利开展。针对数字化管理体系,管理人员在思想上和认知上态度不够明确,对于数字化工作体系的真正操作和运行方式掌握不够全面,导致档案管理工作操作不够规范。同时,工作人员在数字化技术体系以及服务项目功能的掌握上,存在一定的片面性,导致工作人员对于数字化管理存在认知误区,严重制约了档案管理工作的整体质量。可见,在当前档案管理工作领域,关于数字化建设工作,城市图书馆的工作体制、方法以及人才的储备等方面,还存在着比较严峻的问题。针对上述问题,相关部门要在思想上高度重视,并站在图书馆发展建设的实际需求角度考虑,对档案专业人才引进、培养进行规范,只有这样,才能够为档案管理营造一个优质的工作环境,保证档案管理数字化改革与创新工作得到有效落实。

## 四、公共图书馆档案管理数字化建设的完善与发展

### (一)完善档案管理数字化的配套设施

在城市图书馆发展建设过程中,相关部门必须重视档案管理工作,并且顺应信息化时代发展需求,合理地引进数字化体系,健全档案管理相关配套设施,从而营造更加优质的工作环境,促使档案管理顺利实现数字化改革与创新,保证档案管理工作更加高效。因此,相关部门必须重点加强硬件设施建设,引进先进的计算机设施,构建完善型数字化管理体系,优化档案管理工作体系内部结构以及具体的服务功能。不仅如此,相关部门需要加大资金投入,

重点引进服务器、扫描仪等与数字化管理有关的硬性设施，这样在保证硬性工作条件之后，能够促使档案管理工作获得显著性的提高。同时，相关部门需要重视数字化设备老化的问题，针对功能比较滞后，或者系统功能存在障碍的设备，进行及时更新与更换，从而保证档案管理工作更加快捷、有序。在此基础上，城市图书馆需要重视内部档案信息的搜集与整理，针对具体的管理工作需求，以信息技术为载体，制定完善性的信息搜集体系，对图书馆内部的档案信息进行分类管理与存储，从而为后续的检索，以及档案优化管理提供重要的依据。此外，图书馆相关工作人员要重点加强网络环境的建设，从而保证数字化管理工作体系服务功能得到切实有效地发挥，进而保证档案管理工作更加科学与规范。

### （二）档案管理要重塑原文资源库

虽然在针对公共图书馆进行建设时，重点强调数字化管理体系的建设，但是相关部门同样不能忽略纸质档案管理的优势和作用。相关部门需要以辩证的眼光，看待两种管理模式，并将数字化管理与传统管理模式协同作用，构建综合性的管理体系，从而保证档案管理工作覆盖更加全面，所呈现的管理工作效果更加理想。工作人员在操作数字化管理系统的过程中，需要对纸质档案进行管理与备份，从而为档案安全管理提供双重保障，有效规避因为数字化系统故障而出现档案信息丢失等不良风险。同时相关部门需要重点加强原文资源库的建设，将纸质档案进行资源整合，构建原文资源库，从而保证图书馆内部的档案信息更加全面，为图书馆实现深入建设与发展提供重要的信息依据，同时也能够满足人们不同的阅读需求。

### （三）健全数字化档案管理工作体制

为保证档案数字化管理功能得到切实和有效地发挥，相关部门需要高度重视档案管理工作体制改革。针对数字化档案工作具体需求以及工作体制和具体的工作流程进行规范，从而为管理人员科学、有效地开展档案管理工作提供重要的依据。图书馆相关管理部门，需要针对档案信息具体的管理标准，就管理体制进行创新，进一步规范管理工作流程，从而为工作人员有效开展管理工作提供重要的政策导向。同时，为增强工作人员责任意识，相关部门需要合理制定监督体制，要求管理人员按照图书馆规定标准，开展档案管理工作，有效杜绝因为人工操作失误而造成各项管理风险的发生。此外，针对城市图书馆档案管理工作建设与创新，各个部门之间应该加强沟通和协作，构建档案管理信息和资源的共享平台，从而为数字化体制完善和创新提供重要依据。

### （四）加强高素质人才队伍建设

为促进公共图书馆顺利实现数字化档案管理工作改革与创新，相关部门需要重点加强人才素质建设，与高校建立合作关系，对档案管理专业人才培养模式进行创新，丰富高素质人才储备。同时，针对档案管理工作改革与创新发展需求，重点加强图书馆内部工作人员素质培训，全面提升工作人员数字化专业技能，从而保证档案管理工作更加高效。

# 第五节 高校图书馆档案信息管理平台建设

高校图书馆档案是图书馆在开展各项工作活动中具有查考、收藏价值，而且具有参考价值的一项工作，它按一定规律保存、管理文件资料。高校图书馆档案是图书馆事业发展的重要内容，同时也是提高图书馆管理水平的重要依据，确保高校图书馆档案完整、准确、真实非常必要。但在档案保管的过程中，很可能因人为因素、环境因素、气候因素等方面的影响，致使档案缺失或失真，这样严重影响档案的应用。所以，在现代化的今天，应当利用信息技术等科学技术来搭建档案信息管理平台，对档案信息资源进行整理、分类、存储、保护，以确保档案信息资源完整，并且对档案信息资源的应用予以严格的限制，真正实现档案资源合理利用。所以，采用先进的科学技术来构建高校图书馆档案信息管理平台，对档案信息资源进行合理地、有效地管理是非常有意义的。

## 一、高校图书馆档案管理信息化趋势及必要性分析

从当前时代特点来看，高校图书馆档案管理信息化已是必然趋势。如若要具体说明，其表现在以下几方面。

### （一）实现档案资源共享

计算机网络信息的突出特点之一就是资源共享性。将计算机技术、信息技术、网络技术等应用到档案管理中，可以优化和创新档案管理工作，促使档案管理过程中，在对档案信息进行收集、分类、检索、传递时，均在网络环境下能够高效率、高质量地完成，从而保证档案信息资源合理分类等。而对于档案信息的使用，则是通过网络空间进行传递，促使使用者可以快速地使用到所需的档案信息。

### （二）实现档案资源的数字化、服务的网络化

长久以来，图书馆档案都是以纸质实物形式存在，这需要图书馆消耗大量人力、物力、财力来采集、保存、保护档案，确保档案具有使用价值。可以说，纸质档案的管理，给图书馆带来很大负担。但随着信息技术、计算技术的应用越来越广泛，纸质档案管理将转换为数字化档案管理，这会使得档案信息的采集、整理、修改、保存等工作均在计算机网络上完成，不仅可以提高档案信息整理的质量和效率，还可以提升档案信息资源使用的便捷性。所以，在信息技术、计算机技术等技术高速发展的情况下，高校图书馆档案管理将会逐步借助先进技术来优化管理档案，实现档案资源数字化、服务网络化的目的。

## 二、高校图书馆档案信息管理平台构建的重要意义

在我国经济、科技蓬勃发展的背景下,高校图书馆档案管理信息化已成必然趋势。此种情况下,要想使高校图书馆档案管理信息化得以实现,构建档案信息管理平台就显得尤为重要。因此,进行档案信息管理平台构建,是一项非常有意义、有价值的活动。

### (一)为图书馆科学发展提供案例参考

高校图书馆档案信息拥有的资源全面,并且非常真实,在客观上反映了图书馆在不同时期和不同环境下的发展概况、相应的工作内容、拥有的管理水平、提供的服务水平,这样的数据是图书馆发展、建设、完善的第一手资料。因此,高校图书馆档案信息资源具有较高的利用价值。构建图书馆档案信息管理平台,可以建立不同的档案信息管理模块,如采集管理模块、保存管理模块、使用管理模块、安全管理模块等,对档案信息进行全面的、详细的、有效的管理,如此必然会提高档案信息资源的完整性、真实性、有效性,促使档案信息资源可以作为图书馆建设发展规律的研究资料,为促进图书馆科学发展创造条件。

### (二)确保图书馆档案长久保存和科学管理

高校图书馆纸质档案的管理不仅会消耗大量人力、物力、财力,还会随着时间的推移,出现字迹模糊、图片污损等情况,导致档案缺失、失真,大大降低档案的使用价值。而图书馆档案信息管理平台的构建,可以改变这一现状。因为档案信息管理平台可以对档案进行数字化保存,这将实现无纸化档案管理,如此纸质档案管理的缺陷将消除。除此之外,档案信息管理平台的构建,还可以使档案信息采集、修改、分类、整理等工作在网络环境下规范、合理、科学地落实,促使档案管理工作高质高效地完成,大大节约人力、物力、财力。所以,档案信息管理平台的构建可以使档案长久保存,并使档案管理科学化、规范化发展。

### (三)开发利用图书馆档案信息资源

图书馆档案信息资源的信息相比图书、报纸、期刊等文献具有信息隐蔽性。但从目前我国高校图书馆档案信息资源开发利用的情况来看,档案信息资源在利用方面出现重视收藏,但不重视利用的现象,有价值的档案信息被束之高阁,并没有发挥其应有的作用。如果进行图书馆档案信息管理平台构建,便可以对图书馆实施的各种工作活动资料加以收集,对产生的档案数据进行分类、整理和著录并加以上传,促使档案信息尽快地、完整地收录在网站上,促使图书馆以外的读者可以在网站上进行档案信息资源查找,促进档案使用效率的提高,这将大大提高图书馆档案性资源的开发利用程度,促使档案信息资源使用价值的提升。

## 三、高校图书馆档案信息资源的收录

目前，综合我国高校图书馆所保存的档案信息资源，可以被档案信息管理平台收录的档案信息资源主要有：

### （一）党群工作档案信息

所谓党群工作档案信息，主要是上级党组织下发的党务工作文件。这类档案信息主要含有：图书馆党组织制度、组织管理、实施的活动等，还包括党建工作文件、共青团工作文件等，这些资源与图书馆党组织工作息息相关，因此需要对党群工作档案信息予以有效管理是非常必要的。

### （二）行政管理档案信息

行政管理档案信息是上级行政部门下发给图书馆的行政文件，其中的档案信息内容以图书馆的规章制度、行政工作计划以及工作总结、经费使用、财务报表、人事编制、人事管理等方面为主。这部分档案信息与图书馆能否良好发展有很大关系，因此也需要对行政管理档案信息进行信息化管理。

### （三）业务档案信息

业务档案信息则是以馆藏的各类图书及各类文献为主。除此之外，还有读者相关信息、技术部设备信息以及科学服务方面的信息。文书档案信息概述图书馆现状，可以作为优化管理图书馆的依据，档案信息管理平台收录此部分档案信息也很必要。

### （四）文档信息

文档信息也就是文书档案信息，主要包括信息档案管理文件和图书馆专业行业文件，还包括图书馆各种往来合同、协议等，还包括图书馆联盟活动、馆际活动等对外活动文件材料，图书馆馆史、机构沿革及图书馆分时期发展综述等文件材料。

## 四、高校图书馆档案信息管理平台的构建

### （一）高校图书馆档案信息管理平台的构建

1. 档案信息管理平台构建思路清晰化

高校图书馆档案信息管理平台，主要工作原理为：利用校园局域网、计算机联机设备等构建信息管理平台，有效地管理档案信息，力求最大限度地提升档案信息资源的利用价值。档案信息管理平台的构建，首先要做的工作就是明确建设思路，也就是根据高校图书馆档案管理的实际情况及各种技术应用特点，依照高校情况，规范、合理地构建档案信息管理平台，使其在高校局域网的支持下，对图书馆档案信息实施管理、开发、利用，进而提高高校图书

馆档案信息资源的利用价值。

2. 档案信息管理平台结构的构建

高校图书馆档案信息管理平台的结构应由表示层、管理层、数据层三层框架组成，如此可以使管理平台系统地、有针对性地管理档案信息，以确保档案信息资源真实、完整、准确。档案信息管理平台包括信息资源管理员、各部门档案员、校园用户等，满足各个用户的不同需求。表示层在档案信息管理平台中的构成主要包括对信息传输语法和语义的处理、确保数据安全、完整和可用性的各种技术措施。管理层包括档案数据维护、档案信息检索、档案信息统计，用以有效地处理档案信息。数据层则是各类档案信息数据库，用以处理、存储、发布档案信息。

3. 制定档案信息管理平台的功能模块

对于档案信息管理平台功能模块的规划制定，应建立档案信息模块、检索模块以及平台管理模块。档案信息管理平台这几个功能模块的有效应用，可以使档案信息管理具有较强档案信息处理作用、档案信息检索作用、优化平台应用的作用，这将提高档案信息管理的有效性。档案信息模块是对图书馆各项活动产生的档案信息进行收集、分类、整理、收录以及上传到管理平台进行处理；档案信息检索模块是对广大师生及读者所需的档案信息资源进行检索处理，使档案信息资源可以被广大师生及读者使用；平台管理模块是对管理平台的日常运行进行监督和控制，如平台的某项或多项功能出现故障对其进行及时且有效的维护，从而提高管理平台的应用效率。

（二）高校图书馆档案信息管理平台构建应该关注的问题

高校图书馆档案信息管理平台的构建有着非常重要的意义，所以高校应当根据图书馆档案管理情况，规范、合理地搭建管理平台。但在实际搭建管理平台的过程中容易出现问题，给管理平台搭建带来非常大的消极影响。所以，高校图书馆档案信息管理平台搭建过程中，需要注意以下问题。

1. 档案信息管理平台的系统性、完整性问题

尽管我国科学技术水平有很大程度的提高，但计算机技术、信息技术、网络技术的开发程度有限。因此，在搭建图书馆档案信息管理平台的过程中，科学技术的应用无法完全支持档案管理的各项工作，如档案立卷、档案著录、档案文献加工等，这将影响档案信息管理平台应用效果。为避免档案信息管理平台存在系统性、完整性问题，在搭建档案信息管理平台的过程中应合理规划设计平台，在此基础上有序、有步骤地进行平台搭建，尽可能地保证管理平台的系统性、完整性。

2. 档案信息管理平台的安全性、稳定性问题

借助网络和现代信息技术搭建的档案信息管理平台，可以提升图书馆档案管理水平。但

利用先进技术搭建的管理平台，可能在防火墙设置、病毒防范等安全设置方面存在缺陷，导致档案信息管理平台存在安全问题。因此要想使档案信息管理平台有效应用，在具体进行管理平台搭建时应注意加强安全设置，如设置用户权限审查、IP限定、数据加密、增强防火墙设置等。在高校图书馆档案管理信息化已成为必然趋势的情况下，高校应当有效利用信息技术、计算机技术、网络技术等，科学、合理地搭建档案信息管理平台，使其可以对图书馆档案进行全面、系统、有效的管理，档案信息资源安全、准确、完整。所以，高校图书馆档案信息管理平台的有效搭建是非常有意义的。

## 第六节　医院图书馆中电子档案工作的管理

在我国医疗卫生事业快速发展的当下，医院的规模以及发展要求也在不断提升，加之计算机的广泛应用，使得现代医院图书馆在对档案信息进行记录时，也实现了多元化的方向转变。传统的医院档案管理模式已经无法满足现阶段档案管理的要求，并且电子档案逐步成了医院档案管理的重要构成部分。

针对现阶段我国医院图书馆在电子档案管理方面所存在的问题，其所暴露的不足还是比较明显的，比如电子档案管理不够规范、缺乏制度保障、技术层面存在安全隐患等，这些不同层次、不同程度的问题如果不能及时解决，将会直接影响电子档案管理工作效果。所以，在这样的背景下，如何切实有效地提升电子档案管理水平，建立行之有效的电子档案管理制度，形成科学的电子档案保护形式，使得电子档案管理处于更高的层次切实满足档案管理要求就显得尤为迫切。这不仅仅是医院所应该高度关注的问题，更是未来医院长久发展以及我国医疗卫生行业想要得以进步的关键与根本。

### 一、医院图书馆电子档案管理的意义

一般的医院档案管理包括：医院从成立到现如今的发展历史记录、基础建设信息存档、医院内部人事信息等。医院图书馆的电子档案，可以监控和分析出医院的发展历史、医院的工作效率改变等，而且非常方便相关人员查看档案资料信息，比如设备档案信息，相关人员可以非常快速了解设备的型号、性能等，及时对一些老旧或者损坏的设备给予更新换代，保障整个医院能够快速、高效地运转。因此，对医院建立全方位的档案管理是非常重要的，电子档案管理能够提升档案管理的效率和水平。在传统档案的管理过程中，工作人员主要依靠手工操作整理资料，不仅在收集与整理方面需要花费大量的时间，难以保证文书档案信息的

准确性，同时无法利用先进的计算机技术进行资料的整理和分析。通过信息技术和网络技术，实现医院档案的整理录入工作，通过方便快捷的检索功能，达到文书档案检索效率的提升。

## 二、未来医院图书馆进行电子档案管理的优化对策

### （一）建立健全相应的档案管理制度

建立与健全相应的档案管理制度，可以使得电子档案管理更为科学，而相对严密以及合理的档案管理制度，确实可以帮助图书馆将分散的电子文件整合出来。所以，各个医院应该充分结合自身的实际情况，针对电子档案进行信息收集、鉴定以及整理。电子档案管理的各个部门也应该按照制度的要求，对电子档案进行全面妥善地处理。

此外，档案管理人员也应该与管理电子档案的科室之间形成协调与积极沟通关系，这样才能使电子档案收集更为完整，进而更好地服务于医院的各项发展。

### （二）进行技术层面的安全防护

对电子档案管理实行必要的技术防护措施，可以确保电子档案管理过程的安全性。首先，需要注重对信息载体的安全防护，比如可以定期拷贝，针对一些需要长期保存的电子档案，应该保存于耐久性相对较好的光盘外设硬盘等载体之上。其次，还应该加强对网络病毒的预防，尤其需要避免网络系统遭到黑客的侵袭。在一些电子档案部门的计算机系统内部，应该安装相对安全性较高的防火墙，还需要安装以及经常更新杀毒软件，这样则可以对需要归档的电子文件及时进行病毒检测，最终确保归档的电子档案信息始终处于一种安全的状态。

### （三）进行科学归档

在对电子档案进行归档的时候，应该秉承科学归档原则。首先，需要将医院在实际工作开展过程当中有价值的信息、图像、文字等进行整合，按照统一的格式记录存储在计算机、光盘等外设存储载体之上，主要包括了文字文件、图像文件、声音文件、超媒体文件等。其次，针对电子档案归档，要按照两个步骤进行：第一步进行逻辑归档，第二步则进行物理归档。在进行归档的时候，需要将电子文件按照相关部门的鉴定进行标识，标明载体、序号等内容，这样在后续归档的时候将会更加完善。

在现阶段的医院图书馆电子档案管理过程当中，依然存在许多问题，严重阻碍医院电子档案管理水平的提升。未来，医院在电子档案管理过程中，首先需要档案管理员尽可能加大宣传力度，推广电子档案管理的优势；其次，则需要从制度层面加大力度，建立科学的制度和内容，使得电子档案管理可以在政策的保障下实行；最后则需要从技术防护层面入手，做好科学的归档工作，这样才能切实提高电子档案管理水平，促进医院图书馆电子档案管理工作的顺利进行与开展。

# 参考文献

[1] 李鹤飞,李宏坤,袁素娟,等.高校图书情报与档案信息管理[M].北京:经济日报出版社,2017.

[2] 孙璐,陈秀丽,刘建巍.高校图书情报与档案信息管理[M].北京:光明日报出版社,2016.

[3] 周铭,侯明昌.图书情报与档案管理学科基础教学案例集[M].昆明:云南科技出版社,2021.

[4] 程树英.中国图书情报学科发展研究[M].沈阳:东北大学出版社,2019.

[5] 黄晓鹏,刘梅申.图书情报工作研究 2009[M].北京:科学普及出版社,2009.

[6] 沈鸽,吕润宏,薛慧娜.图书馆阅读推广与档案信息管理[M].长春:吉林人民出版社,2020.

[7] 卞昭玲.网络环境下档案信息管理服务研究[M].北京:中国档案出版社,2007.

[8] 张丽.图书信息存储与档案管理信息化[M].长春:吉林出版集团股份有限公司,2022.

[9] 郭美芳,王泽蓓,孙川.档案信息化建设与管理[M].长春:吉林人民出版社,2021.

[10] 杨晓玲,张艳红,刘萍.档案信息化管理与建设研究[M].长春:吉林人民出版社,2022.

[11] 黄亚军,韩国峰,韩玉红.现代档案信息化管理与建设研究[M].长春:吉林人民出版社,2021.

[12] 宋书娟,余艳,贾丽娜.医院档案管理与信息化建设[M].长春:吉林人民出版社,2020.

[13] 张玉霄.数字档案信息资源安全管理研究[M].长春:吉林大学出版社,2020.

[14] 李扬.高校档案管理与信息安全研究[M].北京:北京工业大学出版社,2020.

[15] 林婷婷,冯秀莲,林苗苗.档案信息资源与数字化管理开发研究[M].哈尔滨:哈尔滨工程大学出版社,2022.

[16] 马爱芝,李容,施林林.信息时代档案管理工作理论及发展探究[M].长春:吉林大学出版社,2022.

[17]洪昆.科技项目信息化管理模式研究[M].昆明:云南科技出版社,2019.

[18]北京高校科技信息服务专业委员会,北京科学技术情报学会,首都医科大学图书馆.科技信息服务与管理[M].北京:北京邮电大学出版社,2010.